그건 내 건데

그건 내 건데

그건 내 건데

2022년 2월 14일 초판 1쇄 발행
2024년 4월 23일 초판 5쇄 발행

글쓴이　　　|　이선배
그린이　　　|　김휘승

펴낸이　　　|　김완중
펴낸곳　　　|　내일을여는책

책임편집　　|　김세라
디자인　　　|　박정화
선전본부장　|　김휘승
관리　　　　|　장수댁
인쇄　　　　|　아주프린텍
제책　　　　|　바다제책

출판등록　　|　1993년 01월 06일(등록번호 제475-9301)
주소　　　　|　전라북도 장수군 장수읍 송학로 93-9(19호)
전화　　　　|　063) 353-2289
팩스　　　　|　063) 353-2290
전자우편　　|　wan-doll@hanmail.net
블로그　　　|　blog.naver.com/dddoll

ISBN　　　　|　978-89-7746-978-5 43300

ⓒ 이선배 · 김휘승, 2022

어린이제품안전특별법에 의한 제품표시
제조자명 내일을여는책 **제조국명** 대한민국 **사용연령** 만 8세 이상 어린이 제품

기본소득,
모두가 조건 없이 찾아야 할 권리

글쓴이 **이선배**
그린이 **김휘승**

내일을여는책

"네 꿈이 뭐니?"

이런 질문 많이 받았을 겁니다. '꿈'을 물으면 자꾸 장래 희망 '직업'을 이야기하는 사람이 많습니다. 아예 '꿈'을 꾸지도 않고, '꿈'이 없다고 말하는 사람도 많습니다. 저 역시 크게 다르지 않습니다.

그런데 곰곰이 생각해 보니 청소년 시절 제게 큰 꿈이 있었습니다. 새로운 사람이 되어 새로운 세상을 만들어 가는 꿈을 꾸었습니다. 그 꿈을 이루기 위해 친구들, 후배들을 설득해서 NP(New People)라는 단체를 만들기도 했습니다. 얼마 못 가서 흐지부지되었지만 말입니다.

'왜 사람들은 끊임없이 서로 싸울까? 풍요로운 시대라고 말하는데 왜 아직도 굶어 죽어 가는 사람들이 있을까?' 그 의문을 해결하고 싶었습니다. 그런 세상을 만든 어른들은 그 문제를 해결할 수 없다고 생각했습니다. 그래서 어린이 청소년들이 새로운 생각으로 나설 때 세상이 평화로워지고, 사람들 모두가 사람답게 살 수 있는 세상을 만들 수 있다고 믿었습니다.

아직도 그 꿈을 이루지는 못했지만, 어쩌면 영원히 그 꿈은 꿈에 머물러 있을지 모르겠지만 그래도 조금이나마 꿈을 현실로 만들기 위해 애쓰고 싶었습니다. 애쓰는 과정 자체가 꿈을 이뤄 가는 길일 테니 말입니다.

이 책 역시 그 꿈에 대한 이야기입니다. 그런데 예전과 달라진 점이 있습니다. 예전에는 능력자가 나타나 세상을 바꿔야 한다고 생각했습니다. 부자들이 착한 마음을 가지고 자선을 베풀어서 가난한 자들을 도와야 한다고 생각했습니다.

그런데 '각자의 몫을 각자에게, 모두의 몫을 모두에게 기본소득' 운동을 통해서 '그건 내 건데'라는 깨달음을 얻게 되었습니다. 우리가 시민으로서 기본권을 행사하는 것은 누군가 베풀어 준 은혜가 아닙니다. 당연한 우리의 권리입니다.

마찬가지로 공유부를 바탕으로 한 기본소득 역시 우리가 단지 몰랐던, 숨어 있던 권리입니다. 인류 역사는 끝없이 사람다운 삶을 향한 권리 찾기였습니다. 우리 사회는 수많은 노력 끝에 정치 권리는 어느 정도 갖게 되었습니다. 하지만 아직 경제 권리에 대한 인식은 꽤 부족합니다.

이 책을 통해 기본소득이 무엇인지, 왜 기본소득은 정당한 우리 권리인지, 기본소득이 우리 사회를 어떻게 더 나은 모습으로 바꿀 수 있을지 이야기했습니다.

제 꿈은 군대와 국경은 사라지고, 기본소득을 바탕으로 세계 시민 누구나 사람으로 존중받는 세상을 만드는 것입니다. 청소년 여러분들은 그런 세상에서 살 권리가 있으며, 동시에 만들어 가야 할 의무가 있는 존재입니다.

기본소득 실현을 위해 애쓰고 있는 기본소득 한국네트워크 회원들의 연구와 실천이 있었기에 이 책을 쓸 수 있었습니다. 책을 쓰는 과정에서 첫 번째 독자로서 날카로운 비평과 따뜻한 조언을 아끼지 않았던 문현경 편집자님! 고맙습니다. 이선배독서교실 친구들이 먼저 글을 읽고 의견을 나눠 준 덕분에 재미와 수준을 조절할 수 있었습니다. 덕분입니다. 고맙습니다.

그리고 지금 이 순간 책을 읽고 꿈을 함께 나눌 수 있
는 여러분께 감사합니다. 함께 꿈꾸고, 실천하여, 모두가
사람답게 사는 세상에서 자유를 누릴 수 있기를 기대합
니다.

2022년 새해를 시작하며

1부

모두의 몫을 모두에게

내가 번 돈은
모두 내 돈 아닌가요?

기본소득 개념과 철학

"금도끼 은도끼"라는 이야기를 들어 보셨나요? 도끼를 잃어버린 나무꾼 이야기 말이에요. 사실 이 이야기는 우리나라 전통 옛이야기가 아니랍니다. 대한교육회가 이솝 우화에 실린 "정직한 나무꾼The Honest Woodcutter"을 1906년 우리나라 상황에 맞게 바꿔 처음 소개했습니다.[1] 강가에서 헤르메스 신이 나오는 이야기를 산속 연못에서 산신령이 나오는 이야기로 바꾸었을 뿐 거의 같습니다. 원래는 산신령이 아니라 헤르메스가 나오는 이야기였다니, 흥미롭지요? "금도끼 은도끼" 이야기에는 더 흥미로운 이야기가 숨어 있습니다. 들어 보실래요?

— 정직이와 '금도끼, 은도끼' —

정직이는 산에서 도끼로 나무를 찍어다가 땔감으로 파는 나무꾼입니다. 그런데 정직이는 다른 나무꾼들과 차이점이 하나 있었답니다. 다른 나무꾼들은 나무를 해다가 판 돈을 모두 자신을 위해 썼습니다. 자신이 힘들게 일해 번 돈이니 당연히 자신이 가져야 한다고 생각했지요.

하지만 정직이는 땔감으로 판 돈을 자신이 다 갖지 않았습니다. 한 냥씩을 따로 떼어 모았습니다. 그 까닭은 산에서 나무를 베고, 지게에 실어 날라서, 시장에 내다 파는 일만 자기가 했다고 생각했기 때문입니다. 그 나무를 심고, 키운 것은 자연 속 온 생명이 한 일이라고 여겼거든요. 그러니 땔감을 팔아 번 돈 가운데 일부는 모두에게 돌려줘야 한다고 생각했답니다. 산이 없고, 나무가 자라지 않았다면 정직이는 일할 수도 없었고, 돈을 벌 수도 없었을 테니까요.

그래서 모두의 몫으로 한 냥씩을 저축했어요. 그리고 다른 나무꾼들에게도 함께하자고 했지요. 사람들은 정직이의 제안을 그저 착하고 순진한 생각쯤으로 무시했답니다. 당장 먹고살기도 바쁜데 따로 돈을 떼 모두의 몫으로 저축하자니 씨알도 먹히지 않았습니다. 부자들은 더더욱 돈을 내놓기 아까워서 아무도 호응해 주지 않았답니다. 그래도 정직이는 날마다 한 냥씩은 따로 모았습니다. 비록 돈이 크게 모이지 못했지만 말입니다.

어느 날 정직이는 여느 때처럼 열심히 도끼질을 하다가 그만 연못에 도끼를 빠트리고 말았답니다. 정직이는 깜짝 놀랐어요. 도끼가 없으면 나무를 할 수도 없고, 땔감을 팔지 못하면 살길이 막연했기 때문이었지요. 넓고 깊은 연못이라 도끼를 쉽게 찾을 수 없던 정직이는 그만 엉엉 울고 말았습니다. 어찌나 서럽게 울었던지 연못 속에서 낮잠을 자던 산신령이 잠에서 깨어 뿅 하고 나타났답니다.

"아니 누가 이렇게 시끄럽게 우는고? 당최 시끄러워서 낮잠을 잘 수가 없구나, 거참."

산신령을 본 정직이는 더 크게 울었습니다. 그 울음은 그칠 것 같지 않았습니다. 할 수 없이 산신령은 정직이를 달랬습니다.

"뚝. 눈물 뚝. 어이하여 우는고? 그렇게 울고만 있다고 문제가 해결되는 것이 아니지 않으냐? 왜 우는지 이야기해 보거라.”

산신령은 얼른 울음을 멈추게 하고 다시 조용히 낮잠을 즐기고 싶었어요. 정직이는 울먹이며 도끼를 빠뜨린 이야기를 했어요. 그러자 산신령은 얼른 연못으로 들어가 은도끼를 하나 들고나왔어요.

“이 도끼가 네 도끼냐?”

정직이는 은도끼를 보더니 고개를 가로저었어요.

“아닙니다. 그것은 제 도끼가 아닙니다.”

산신령은 갸우뚱했어요. 그냥 은도끼를 주면 나무꾼이 얼씨구나 좋구나 하고 받아 들고 갈 거라고 생각했거든요. 할 수 없이 산신령은 다시 연못으로 들어갔어요. 잠시 후 나타난 산신령의 손에는 금도끼가 들려 있었어요.

“그럼 이 도끼가 네 도끼냐?”

번쩍번쩍 빛나는 황금도끼를 정직이 앞에 내밀었어요. 금도끼라면 정직이가 넘어갈 거라고 생각했어요. 앗, 그런데 이번에도 정직이는 금도끼를 보더니

“아닙니다. 그건 제 도끼가 아닙니다.”

하며 고개를 절레절레 흔들었어요. 산신령은 고놈 참 이상한 놈이다, 생각했어요. 할 수 없이 다시 연못으로 들어가 한참을 찾았어요. 겨우 연못 바닥에 처박혀 있는 쇠

도끼를 발견해서 들고나왔어요.

"그럼 이 도끼가 네 도끼냐?"

그러자 정직이는 반색했어요.

"예, 맞습니다. 그 도끼가 제 도끼입니다. 고맙습니다."

정직이는 꾸벅 인사를 연거푸 했어요. 산신령은 그런 정직이 모습에 감동했어요.

"네가 참 정직하구나. 정직한 너를 위해 내가 큰 상을 내리겠다."

그러면서 정직이의 쇠도끼와 함께 아까 보여 주었던 금도끼, 은도끼도 함께 주었어요. 정직이는 한사코 거절했지만, 산신령은 막무가내로 정직이에게 금도끼와 은도끼를 떠넘기고 연못 속으로 사라졌어요.

정직이는 고민이 되었어요. 산신령이 준 금도끼와 은도끼는 자신이 땀 흘려 번 것이 아닌데 자기가 다 가져도 되는지 의아했지요. 한참을 고민하던 정직이는 그 길로 마을로 내려가 마을 사람들에게 금도끼와 은도끼를 얻게 된 사연을 말했어요. 마을 사람들은 다 부러워했어요. 정직이가 착해서 복 받은 거라고 칭찬했어요.

그런데 그다음 정직이 말에 마을 사람들은 깜짝 놀랐어요.

"이 금도끼 은도끼는 제 것이 아닙니다. 제가 한 일이 아무것도 없는데 제 손에 굴러들어 왔습니다. 이 금도끼 은도끼는 신이 우리에게 선물한 우리 모두의 것입니다. 그러므로 전 이 금도끼 은도끼를 팔아서 여러분 모두와 똑같이 나눠 갖겠습니다."

마을 사람들은 정직이에게 찾아온 행운이 자신들 것이 된다는 사실에 깜짝 놀랐어요. 그러면서 그동안 정직이가 해 온 말과 행동을 곱씹어 생각하게 되었어요.

금도끼와 은도끼를 팔아 생긴 돈을 정직이는 어린이, 노인, 남자, 여자, 부자, 가난한 사람 가리지 않고 모두에게 똑같이 나눠 주었어요. 마을 사람들은 이 돈을 자신들이 받아도 되는지 어리둥절했어요. 그때 한 사람이 소리쳤어요.

"정직이가 나눠 준 돈을 기분 좋게 받읍시다. 그리고 정직이처럼 우리도 앞으로 자기 몫은 자기가 갖되, 모두의 몫은 모두를 위해 내놓읍시다."

그러자 사람들은 크게 손뼉을 치며 뜻을 같이하겠다고 했어요. 이날 이후 정직이가 사는 마을은 기본소득 마을이 되었답니다.

“금도끼 은도끼” 이야기에 ‘기본소득’ 이야기가 숨어 있을 줄 몰랐죠? 네? 진짜 기본소득 마을이 있냐고요? 딱 한 곳 있습니다. 미국의 49번째 주 알래스카입니다. 다른 지역과 달리 알래스카주는 땅속 석유 자원을 모두의 것으로 생각했습니다.

1977년부터 해마다 주 정부가 소유한 북부 지역 유전 채굴권을 석유 회사에 빌려준 대가로 돈(로열티)을 받았는데, 그 수입의 25%를 영구기금[2]으로 차곡차곡 쌓았습니다. 기금은 2020년 약 625억 달러로 늘어났습니다. 이 기금을 투자해서 얻은 이익을 1982년부터 해마다 한 차례 약 70만 명 주민 한 사람 한 사람에게 1,000~2,000달러(우리나라 돈으로 약 110만~220만 원)씩 기본소득으로 지급하고 있습니다. 덕분에 알래스카주는 미국 50개 주 가운데 가장 평등한 곳으로 손꼽히고 있습니다.

아직은 한 곳뿐이지만 정직이처럼 자기가 번 돈이 꼭 나 혼자만 노력해서 번 게 아니라는 걸 깨닫고, 모두의 몫을 인정하는 사람들이 점점 많아진다면 기본소득 마을은 금세 늘겠지요?

기본소득 운동이 추구하는 가장 중요한 정신은 '각자의 몫은 각자에게, 모두의 몫은 모두에게'랍니다. 나무꾼 정직이가 나무를 해서 판 돈 가운데 한 냥씩을 모두를 위해 쓰려고 저축한 일 기억하나요? 원래 그 나무를 자라게 한 것은 자신이 한 일이 아니라 자연이 한 일이라며 땔감을 판 돈 가운데 일부를 마을 기금으로 내놓았지요. 알래스카주 역시 땅속 석유 자원은 개인이 가질 몫이 아니라 모

두가 나눠야 할 몫이라고 인정해 영구기금을 만들어서 마을 주민 모두가 똑같이 나눠 가졌지요. 이것이 바로 기본소득이랍니다.

기본소득이란 국가 또는 지방자치단체가 모두의 몫을 바탕으로 사회 구성원 개개인 모두에게 아무 조건 없이 정기적으로 지급하는 소득입니다.

기본소득 운동은 개개인이 노력해서 얻은 이익은 당연히 각자 몫으로 인정합니다. 다만 애당초 모두의 몫이었던 것과 함께 노력해서 얻은 것 그리고 누구의 노력으로 만들었는지 알 수 없는 것들은 모두가 똑같이 나눠 갖자는 주장입니다. 그런데 그동안 사람들은 모두의 몫에 대해서 잘 몰랐답니다. 이 사실을 모르다 보니 모두의 몫을 모두가 똑같이 나눠 가져야 한다는 기본소득 운동을 낯설어한답니다.

대체 '공유부'라고도 불리는 '모두의 몫'은 무엇일까요?

먼저 차지한 사람이 주인 아닌가요?

세금과 공유부

이 꽃은 어떤 꽃일까요?

중국에서 최고 시인으로 꼽혀 시성詩聖으로 불리던 두보는 이 꽃에 빠져서 방 안 그릇에 심어 가까이 두었다고 합니다. 두보는 마치 나비가 푸른 날개를 펴고 앉은 듯한 이 꽃을 좋아했으며, 꽃이 피는 대나무라 칭송했습니다. 이 꽃은 우리나라 논둑이나 밭둑, 길가에서 흔히 볼 수 있습니다. 특히 닭장 부근에서 잘 자란다 하여 이 이름이 붙었다고 합니다. 꽃 모양이 닭 벗을 닮아서 붙은 이름이라는 설도 있습니다. 흔히 '달개비'라고도 합니다.

네, 닭의장풀입니다. 갑자기 왜 닭의장풀 이야기를 꺼내느냐고요? 닭의장풀과 기본소득이 비슷한 점이 있거든요.

― 숨겨진 또 다른 꽃잎 한 장 ―

닭의장풀은 푸른색 꽃잎 두 장처럼 보이지만 사실은 그 밑에 꽃받침처럼 보이는 작고, 투명한 흰색 꽃잎이 한 장 더 있어서 꽃잎은 모두 세 장을 가졌습니다. 닭의장풀이 가진 투명한 흰색 꽃잎처럼 분명히 존재하지만 사람들 눈에 오랫동안 보이지 않던 것, 그것이 바로 공유부, 즉 모두의 몫입니다.

상상의 나래를 펴서 초기 인류로 돌아가 봅시다. 구석기 시대 사람들은 사냥하고, 나무에 열린 열매를 따 먹으며 생활했습니다. 먹을 것을 찾아 끝없이 떠돌았습니다. 그러다가 농사를 짓는 법을 알게 되어 한곳에 정착하게 되었습니다. 마을을 이루게 되고 많은 사람이 모여 살면서 법과 제도가 필요했습니다. 그러면서 공동체 생활을 위해 필요한 세금을 거두기 시작했습니다. 적으로부터 자신들을 지키기 위해 군대를 유지하는 데 필요한 비용도 마련해야 했고, 나랏일을 하는 공무원 월급도 줘야 했고, 길을

새로 만들고 유지하는 데에도 돈이 필요했거든요. 이렇게 나라 살림에 필요한 돈을 세금으로 거둬 썼습니다.

세금을 누구에게 얼마를 거둘 것인지, 또 그렇게 거둔 세금을 어디에 누굴 위해 쓸 것인지를 잘해야 나랏일을 잘할 수 있겠지요. 과거에는 세금을 주로 농민, 노동자에게 많이 거두고 양반과 귀족은 잘살면서도 세금을 내지 않았기 때문에 계급 갈등이 커졌고, 불만이 쌓인 농민과 노동자들이 양반과 귀족에 맞서 싸우기도 했습니다.

오늘날 우리 사회도 세금을 걷습니다. '소득이 있는 곳에 세금이 있다'라는 말처럼 회사에 나가 일해서 월급을 받으면 세금을 내야 합니다. 아파트를 팔아 이익이 생겼다면 그 가운데 일부를 세금으로 냅니다. 로또 복권에 당첨되어 큰돈을 받게 되었다면 그 돈 모두를 타는 것이 아니라 일부를 세금으로 내고 나머지만 자기 몫이 됩니다.

이처럼 지금까지 우리는 소득에 내 몫과 나라의 몫(세금) 두 부분만 있다고 생각했습니다. 닭의장풀 꽃잎이 언뜻 보기에 두 장인 것처럼 우리는 자기 몫과 세금 두 가지만 생각했지요. 그런데 닭의장풀에도 숨어 있는 하얀 꽃잎이 한 장 있는 것처럼 사실은 공유부인 모두의 몫이 숨어 있는 것을 우리는 미처 몰랐습니다. 기본소득을 주장하는 사람들은 그 숨은 꽃잎을 먼저 발견하고, 사람들에게 꽃잎이 두 장이 아니라 세 장이라고 외칩니다.

― 모두에게 나눠야 할 몫이 있다 ―

그 숨은 꽃잎은 바로 '공유부'입니다. 공유부란 누구의 것도 아닌 모두의 것이 있다는 생각입니다. 땅, 공기, 물, 자원, 햇빛, 우주 이 모든 것들이 본래 한 사람에게 속한 것이 아닌 모두의 것입니다. 그런데 그 모두의 것을 이용해서 한 개인이나 기업이 소득을 얻었다면 모두의 몫은 모두에게 나눠야 하겠지요.

앞 장에서 말한 "금도끼 은도끼" 이야기로 보자면, 정직이와 달리 다른 나무꾼들은 나무를 해 와서 판 돈 열 냥 가운데 두 냥을 세금으로 나라에 바치고, 여덟 냥을 자기가 일한 대가로 가졌습니다. 그런데 거기에는 '공유부'에 대한 계산이 빠졌습니다. 나무꾼이 산에서 해 온 나무는 본래 누구의 것이었습니까? 나무꾼이 심은 것도, 가꾼 것도 아니고 스스로 존재했던 것입니다. 먼저 본 사람이 막 가져가도 될까요? 먼저 차지한 사람 마음대로 해도 될까요?

기본소득을 주장하는 사람들은 먼저 봤다고 해서, 먼저 차지했다고 해서 원래 있던 것을 그 사람 것으로 인정할 수 없다고 말합니다. 원래 모두의 것이었으니 거기서 나온 소득은 모두에게 똑같이 나눠 주어야 마땅하다고 말합니다. 정직이처럼 말이죠.

기본소득을 반대하는 사람들은 모두의 몫으로 이미 세금을 내지 않았느냐고 항변하기도 합니다. 그런데 그동안 세금은 공유부를 사용한 대가로 낸 것이 아닙니다. 세금을 낸 까닭은 나라를 유지하는 데 필요한 돈과 또 그 사회 공동체가 함께 생활하는 데 필요한 것, 다시 말해 공공재[3]를 마련할 돈을 모으기 위해서였습니다.

마치 아이돌 그룹이 단체 숙소 생활을 하는데 공동으로 드는 경비가 있을 때 나눠서 내는 것과 같습니다. 전기요금, 아파트 관리비 등 혼자서 내기 어려운 비용을 나눠서 내듯이 세금 역시 국가에 필요한 돈을 국민이 나눠서 냈습니다. 세금은 공유부를 이용한 대가로 낸 게 아니라는 말입니다.

게다가 나라가 걷은 세금은 다시 모두에게 똑같이 돌아가지도 않습니다. 세금을 어디에 사용하느냐에 따라 혜택을 받는 사람들도 달라집니다. 많은 세금을 들여 공항을 지었을 때 누가 가장 혜택을 받나요? 네, 그 공항에서 비행기를 이용하는 사람들이 가장 많은 혜택을 받지요. 또 우리나라는 교육세를 거둬 초등학교와 중학교를 무료로 다닐 수 있게 하는데요, 자녀가 없는 사람은 무상교육에 들어가는 세금으로 직접 혜택을 받지 못합니다. 이처럼 세금은 누구에게나 고르게 혜택을 주지 않기 때문에, 모두의 몫에 대해 모두가 정당하게 권리를 차지했다고 말할 수 없습니다.

내 소득
세금을
지불
하시오
7만
8만
10만
황금열쇠
공유부
이용한
대가를 지불하시오

이처럼 세금과 공유부는 다릅니다. 그렇다면 좀 더 정직하고 공평하게 소득을 나누려면 어떻게 하면 될까요? 나무꾼이 번 열 냥 가운데 우선 공유부를 이용한 대가를 떼서 모두에게 똑같이 나눠 주어야 합니다. 그리고 국가에 필요한 세금을 내고, 그 나머지를 나무꾼 몫으로 가지면 됩니다. 그동안 소득을 나라 몫인 세금과 자기 몫 둘로 나누던 것을 공유부와 세금 그리고 자기 몫 이렇게 셋으로 나누면 어떨까요? 좀 더 공평하지 않나요?

이제 닭의장풀 꽃잎은 눈에 잘 띄는 푸른색 두 장만 있다고 말하지 말고, 작고 투명한 흰색 꽃잎까지 포함해서 세 장이라고 말해야 합니다. 그처럼 공유부를 바탕으로 한 기본소득 역시 분명히 존재한다고 이야기해야 합니다.

그렇다면 공유부에는 어떤 것들이 있을까요? 다음 장에서 이야기 나누어요.

우주에도 주인이 있다고요?

공유부 종류 (1) 자연 공유부

　태양, 달, 화성 등 지구 밖 천체는 주인이 있을까요? 놀랍게도 자기가 주인이라고 주장하는 사람이 있답니다. 심지어는 우주 부동산을 판매하기도 합니다. 축구장 크기만 한 달 땅을 약 3만 원 정도에 팔고 있습니다. 그 주인공은 미국인 데니스 호프입니다. 도대체 이게 어떻게 된 일일까요?

1967년 유엔에서 우주 개발과 관련하여 우주조약을 체결했습니다. 제2조는 어느 국가도 우주 부동산에 대한 소유권이나 판매권을 가질 수 없다고 규정하고 있습니다.

그런데 어떻게 데니스 호프가 주인으로 행세하며 달 땅을 팔아 돈까지 벌어 왔을까요? 그는 우주조약의 허점을 파고들었습니다. 조약에는 '국가'가 소유권을 주장할 수 없다고 되어 있지 '개인'이 주장할 수 없다고 되어 있지 않다는 점을 노렸습니다. 그러면서 자신이 최초로 소유권을 주장했으므로 우주 천체가 모두 자기 것이라고 주장했답니다.

여러분은 어떻게 생각하나요? 정말 먼저 주장한 사람에게 소유권을 주는 것이 맞을까요?

요즘 우주여행 시대가 활짝 열렸습니다. 세계 최대의 인터넷 쇼핑몰 아마존 창업자 제프 베이조스는 우주탐사 기업 블루오리진을 세웠습니다. 그리고 2021년 7월 20일 제프 베이조스는 직접 고도 100km 상공까지 날아올라 약 3분 동안 무중력 상태를 체험하며 지구 모습을 감상했고, 10분 만에 무사히 돌아왔습니다.

블루오리진의 막강한 경쟁 업체는 테슬라 최고경영자 일론 머스크가 세운 스페이스엑스입니다. 테슬라는 전기 자동차 업체로 유명하죠. 2021년 9월 20일 일반인 네 명을 태운 우주선 크루드래곤은 고도 575km까지 날아 올라가 사흘간 지구 궤도를 돌고 무사히 지구로 돌아왔습니다. 일론 머스크는 우주 궤도비행을 넘어서 화성 이주까지 추진하려고 합니다.

제프 베이조스와 일론 머스크 같은 부자들이 막대한 돈을 쏟아부어 우주로 나아가서 화성에 도달하고, 화성을 사람들이 살 수 있는 공간으로 만든다면 그 화성은 그들 소유로 인정해야 할까요? 먼저 소유권을 주장한 사람이 그 땅의 임자일까요? 막대한 돈을 들여서 그곳에 먼저 도달하고, 개척한 사람이 주인일까요?

─ 지구 땅이 자기 것이라고 주장하는 사람 ─

이런 문제를 제기하는 까닭은 시계를 거꾸로 돌려 보기 위해서입니다. 우리는 현재 개인 소유권을 중요하게 생각하는 자본주의 시장경제에서 살고 있습니다. 그런데 이런 소유권은 언제부터 생겨난 것일까요? 인류가 지구에 출현했을 당시에도 그런 소유권이 있었을까요?

지금 우주를 둘러싸고 누구에게 소유권이 있느냐를 따져 보는 것처럼 그 옛날 지구의 소유권 역시 따져 봐야 할 대상입니다. 이런 문제에 대해 고민했던 사상가가 있습니다. 바로 토머스 페인^{Thomas Paine}입니다. 그는 18세기 영국의 가난한 가정에서 태어났으며, 37세에 영국 식민지였던 미국으로 이주합니다. 그가 1776년에 쓴 『상식^{Common Sense}』은 미국이 독립했을 때 얻는 많은 이익을 증명하여 미국독립전쟁에 큰 영향을 끼칩니다.

다시 영국으로 돌아간 토머스 페인은 가난·문맹·실업·전쟁 등을 어떻게 해결할 수 있을지 고민합니다. 그 해결책으로 대중교육과 빈민구제, 노인연금, 공공사업계획을 제시합니다. 거기에 드는 막대한 비용은 부자일수록 더 많은 소득세를 내게 해서 충당하면 된다고 『인권^{Rights}

』을 통해 주장했습니다. 당시 부유한 지배층은 이런 주장을 위험하게 여겨 책이 나오지 못하게 하고, 토머스 페인을 반란죄로 처벌하려고 했습니다.

― 땅은 그 누구의 것도 아니라고 주장하는 사람 ―

하지만 토머스 페인은 멈추지 않았습니다. 그는 1797년 마지막 저서 『토지의 정의Agrarian Justice』를 통해 과연 땅이 누구의 것인지를 밝힙니다. 페인은 토지는 본래 인류 공동재산이었다고 주장합니다. 먼저 발견했다고, 또는 먼저 차지했다고 한 사람 것이 될 수 없다고 말합니다. 소유권을 가장 먼저 주장했으니 달이 자기 것이라는 데니스 호프의 말을 우리가 황당하게 여긴 것처럼, 페인은 지구 땅을 자기 것이라고 주장하는 말에 반박했습니다.

그렇다면 농부가 노력해서 쓸모없던 땅을 비옥한 토지로 바꿨다면 어떨까요? 제프 베이조스나 일론 머스크 등이 막대한 돈을 들여서 우주를 개발했다면 그 우주가 그들 것일까요? 이에 대해 페인은 농부든 우주 개발자이든 토지 소유권을 행사할 수는 없다고 주장합니다.

그렇다고 농부나 우주 개발자가 들인 노력을 인정하지

우주
부동산
(누구?....)
모두의 것은 모두에게
각자의 몫은 각자에게

말자는 것은 아닙니다. 그 농부가 차지해야 할 몫은 황무지를 농지로 바꾸는 과정에서 새롭게 생겨난 가치이지, 토지 그 자체는 여전히 모두의 것입니다. 황무지였을 때는 얻을 수 있는 것이 아무것도 없었습니다. 그런데 농지로 바꿔서 쌀을 생산할 수 있게 되었다면 농부가 쌀을 거두기까지 들인 노력만큼은 인정받아야 합니다.

하지만 원래 황무지였던 그 농지 자체에 대한 소유권까지 농부에게 줄 수는 없습니다. 오히려 농부는 모두의 것이었던 황무지를 이용해서 쌀을 생산했으므로 그 이용료를 모두에게 내야 하지요. 농부가 노력하지 않았다면 쌀을 거둘 수도 없었겠지만, 동시에 농부가 아무리 노력을 한다고 해도 모두의 것인 황무지가 없었다면 애당초 쌀 생산도 불가능했을 테니까요. 토머스 페인은 지금부터 220여 년 전에 기본소득과 비슷한 제도를 도입하자고 주장한 셈이죠.

"국가 기금을 만들어, 모든 사람이 21세가 되면, 토지 소유 체제의 도입으로 인해 상실한 자연적 상속권에 대한 부분적 보상으로 15파운드를 지급한다. 그리고 매년 10파운드를 현재 50세에 달한 사람과 앞으로 그 연령에 도달할 모든 사람에게 남은 일생에 걸쳐 지급한다."[4]

모두의 땅을 개인이 소유해서 막대한 이익을 얻는 토지 소유자들은 토지 이용 대가를 지불해야 합니다. 그리고 그 돈을 공동체 구성원들에게 똑같이 나눠 주는 사회가 정의롭다고 토머스 페인은 말했습니다.

우주 개발을 통해 인류에게 도움이 될 이익이 생긴다면 그 이익은 모두 제프 베이조스와 일론 머스크 등 사업가가 가져야 하는 것이 아니라, 그 가운데 모두의 몫은 인류 모두에게 나눠 줘야 정의롭습니다. 물론 막대한 비용을 투자한 몫과 노력한 몫은 당연히 투자자와 사업가들이 가져야 합니다. 덧붙여 그런 개발로 인해 환경이 파괴되고 기후위기가 심해진다면 그 책임도 그들이 져야 하겠지요.

그래서 기본소득론자들은 다음과 같은 구호를 외칩니다.

"각자의 몫은 각자에게, 모두의 몫은 모두에게"

모두의 몫인 공유부에는 크게 두 가지가 있습니다. 이번 장에서 이야기한 것처럼, 인간이 있기 이전부터 있었던 토지, 공기, 햇빛, 자원, 물, 갯벌, 바다와 같은 자연 공유부가 그 가운데 하나입니다. 다른 공유부는 무엇일까요?

인스타그램에도
내 몫이 있다고요?

공유부 종류 (2) 인공 공유부

　물 밖으로 나온 하루살이는 입이 없습니다. 먹고 마실 시간이 없기 때문입니다. 입이 없다 보니 위도, 항문도 필요 없지요. 성충이 된 하루살이는 해가 뉘엿뉘엿하여 어두워질 무렵 처음이자 마지막 비행을 합니다. 수컷 무리가 일제히 하늘로 날아올라 춤을 추면 암컷이 그 사이를 직선으로 날아갑니다. 이때 짝짓기가 이뤄져 알을 약 3천 개 정도 낳고 하루살이 부부는 곧 숨을 거둡니다. 그 시간이 짧게는 한 시간, 길어야 이삼일 걸립니다. 알들은 유충이 되어 물속에서 1년에서 3년을 살며 여러 번 탈피한 후

성충이 되면 또 혼인비행을 하겠지요.

하루살이 일생은 생명을 번식하는 일이 얼마나 신비로운지를 깨닫게 합니다. 우리 사람들은 어떨까요? 여러분들은 이 세상에 어떻게 태어났을까요?

― 혼자 잘나서 태어나는 생명은 없다 ―

아빠 몸에 있는 정자가 엄마 몸에 있는 난자와 만나 수정이 되고, 태아 상태로 엄마 자궁 속에서 약 열 달 정도 있다가 세상에 나온다는 것은 다들 이미 잘 알고 있겠지요?

남자 몸에서는 한 번에 보통 정자가 2억 개에서 5억 개 정도 쏟아져 나옵니다. 너무 많다고요? 그런데 정자가 워낙 작아서 약 2㎛(마이크로미터) 정도밖에 되지 않으니 너무 걱정하지 않아도 됩니다.

예전에는 이 많은 정자가 난자를 향해 열심히 헤엄쳐서 마침내 1등 정자만 난자를 만나 우리가 태어났다고 생각했습니다. 여러분들 모두가 수억 마리 다른 정자들을 물리치고 1등을 해서 세상에 태어났다는 주장입니다. 뿌듯한가요?

그런데 과학자들이 계속 연구한 결과 새로운 사실이 많이 밝혀졌습니다. 정자가 난자를 만나려면 자궁 8cm와 난관 10cm 등 약 18cm를 헤엄쳐 가야 합니다. 이때 걸리는 시간이 70분에서 120분입니다. 먼저 도착한 정자들은 대부분 난자 외벽을 뚫고 죽을 확률이 높습니다. 그 후에 도착한 정자들도 난구 세포층을 분해하느라 사라집니다. 결국 약 5억 마리 정자가 서로 경쟁해서 1등 정자가 사람으로 태어나는 것이 아니라 정자들이 서로를 도운 덕분에 수정이 이뤄지는 것입니다.

또 정자 혼자서만 난자를 만나는 게 아닙니다. 난자는 자기와 같은 종인 정자에게 화학적 신호를 보내 수정 확률을 높입니다. 난자에 이르는 길을 미로처럼 만들거나 함정을 꾸며 가장 우수한 정자를 선택하려는 노력도 하지요. 게다가 수정 이후 아기가 자라기까지 필요한 무수한 일들을 난자가 담당하지요.

결국 우리는 승리자여서, 능력이 뛰어나서 이 세상에 태어났다기보다는 다른 많은 정자의 도움과 희생, 그리고 정자와 난자가 협동한 덕분에 세상 구경을 할 수 있게 되었습니다. 앞에서 이야기한 하루살이 역시 암컷과 수컷이 함께 노력한 덕분에 생명을 잉태할 수 있었지요.

마치 이것은 미식축구와도 비슷합니다. 한 선수가 터치다운을 해서 득점을 올리기까지 동료들 도움이 꼭 필요합니다. 상대방 수비수들의 태클을 막아 주는 풀백 도움도 받았고, 무엇보다도 전체 상황을 판단해서 공을 던져준 쿼터백 역할도 컸습니다. 그래서 터치다운을 성공한 선수뿐 아니라 팀 전체가 영광을 함께 누려야 합니다.

― 1등이 다 가져가는 사회는 바람직한가? ―

그런데 우리 사회에는 이런 협력을 무시하고, 혼자서 모든 성과를 독차지하는 일이 많습니다. 경쟁을 통한 성취를 더 중요시한 결과입니다. 오디션 프로그램 열풍을 일으킨 '슈퍼스타 K'의 경우 최종 우승자 1인에게만 상금 1억 원과 초호화 음반 발매 특권을 주었습니다. 그 프로그램이 성공할 수 있었던 까닭은 지원자 70여만 명과 그리고 많은 시청자가 보낸 관심과 참여 덕분이었는데도 말입니다.

트롯 열풍을 불러일으킨 '미스 트롯', '미스터 트롯' 역시 마찬가지입니다. 1등에게만 상금 1억 원과 SUV 차량 등이 주어질 뿐 2등부터는 아무런 혜택이 없었습니다. 우리 사회는 날이 갈수록 이긴 사람이 모든 이익을 다 차지하는 승자독식에 익숙해지고 있습니다. 이런 사회가 과연 바람직할까요?

한 명만 승자가 되고 나머지 모두가 패자가 되는 사회, 이상하지 않나요? 승자 혼자 오로지 자기 노력과 능력으로 그 자리에 오른 것도 아닌데 말입니다. 1등이 차지한 성공은 결국 많은 사람이 도와주고 뒷받침해 준 덕분에 가능했습니다. 그러니 많은 사람이 노력한 몫까지 1등이 다 차지하는 것은 결코 정의롭지 못합니다.

콜럼버스가 신대륙을 찾아 항해를 나설 수 있었던 까닭도 마르코 폴로가 쓴 『동방견문록』을 읽고 동양에 있다는 '황금의 섬'에 호기심을 가졌기 때문입니다. 또한 지구가 둥글다고 주장한 학자들이 있었기 때문입니다. 지구가 둥글다는 연구가 없었더라면, 지구가 평평해서 바다 끝에는 낭떠러지가 있다고 믿던 당시 상황에서 콜럼버스는 항해에 나설 수 없었을 것입니다.

여기에 빼놓을 수 없는 것이 바로 이탈리아 천문학자인 파올로 토스카넬리의 지도입니다. 물론 그 지도에는 아메리카 대륙이 없었습니다. 또한 거리도 틀려서 유럽에서 금방 아시아에 다다르는 것으로 돼 있었습니다. 그 바람

YouTube
TikTok
blog
ATA

에 콜럼버스는 자신이 도착한 곳이 인도라고 죽을 때까지 굳게 믿고 있었습니다. 그 외에도 인류가 오랫동안 실패와 성공을 반복해 쌓은 항해술과 선박 제조 기술이 있었기 때문에 콜럼버스가 항해에 나섰던 거죠.

에디슨이 전구를 발명하고, 스티브 잡스가 아이폰을 내놓고, 일론 머스크가 전기자동차를 생산하고 이런 일들이 어느 한순간 뚝딱 가능했을까요? 결코 그렇지 않습니다. 그 이전 수많은 사람이 한 실패를 딛고, 축적된 경험 덕분에 마침내 가능했습니다.

오늘날 가장 돈을 잘 버는 구글, 유튜브, 페이스북, 틱톡, 인스타그램 등이 성공할 수 있는 비결은 전 세계 수많은 이용자가 검색하고, 자료를 올리고, 사진을 공유하기 때문입니다. 시민들이 정보 이용자이면서 동시에 데이터 생산자입니다. 그런데 그로부터 발생한 이익을 몇몇 CEO와 투자자들이 모두 누리는 것이 정당한가요? 그들이 아이디어를 내고, 돈을 투자해서 플랫폼을 만든 것에 대한 대가는 분명 개인 몫으로 챙겨야 합니다. 하지만 그 플랫폼이 가능하도록 법이 만들어졌고, 알 수 없는 많은 시민이 참여한 덕분에 성장해서 얻은 몫까지 모두 가져가서는 안 됩니다.

— 여럿이 함께한 덕분에 생긴 인공 공유부 —

과거부터 있어 온 지식과 문화유산, 또 누가 도움을 주었는지 명확하지 않지만 분명히 존재하는 데이터, 그리고 각종 법률 및 정책 결정 등을 인공 공유부라고 합니다.

앞 장에서 말한 토지, 공기, 햇빛, 물 같은 자연 공유부 말고, 오늘날에는 사람들 노력으로 만들어진 인공 공유부를 이용해서 새로운 부를 생산해 내고 있습니다. 인공 공유부를 이용한 대가 역시 모두에게 똑같이 나눠 주어야 합니다.

1등, 발명가, 대기업 CEO 등 그들이 가진 재능과 노력에 대해서는 당연히 '적절하게' 보상해 주어야 합니다. 만약 그런 보상이 없다면 수많은 발명은 한참 늦어졌을 것입니다. 앞장서서 열심히 발명하고, 창업하는 사람들이 적을 테니까요.

기본소득 주장을 '모든 생산물을 모두가 똑같이 나누자'는 주장으로 오해하는 사람이 있습니다. 결코 그렇지 않습니다. 기본소득은 개인이 노력한 몫은 개인이 따로 챙겨야 맞다고 생각합니다. 다만 공유부를 이용한 부분에 대해서만 모두가 똑같이 나누자는 주장입니다.

노벨 경제학상 수상자인 허버트 사이먼은 모든 소득 가운데 90%는 다른 사람의 지식을 이용해서 얻은 것이고 10% 정도만이 개인 노력 덕분이라고 주장합니다. 그러면서 30%를 개인 몫으로 인정해 주고, 나머지 70% 가운데 35%는 기본소득으로 나누고, 35%는 국가 운영에 써야 한다고 제안했습니다. 『21세기 기본소득』의 저자이며, 벨기에의 정치, 경제학자인 필리프 판 파레이스는 국내총생산GDP 가운데 25%를 기본소득으로 나누는 게 적절하다고 말합니다.

개인의 몫과 모두의 몫을 얼마로 정해야 할지는 사실 명확하지 않습니다. 그 사회 구성원들이 어떻게 합의하느냐에 따라 달라질 수 있습니다. 여러분들은 어느 정도가 적당하다고 생각하나요?

지금까지 우리는 기본소득이 왜 정당한지 그 근거가 되는 공유부 그리고 모두의 몫에 대해 알아 보았습니다. 이제 기본소득을 기본소득이 아닌 것들과 구별할 수 있는 다섯 가지 원칙에 대해 살펴보고자 합니다. 이 원칙들을 통해 우리는 기본소득을 더 분명히 이해할 수 있을 겁니다.

2부

기본소득 다섯 가지 원칙

왜 모두에게
주나요?

다섯 가지 원칙 (1) 보편성

영국 런던 남부 앱섬다운스 경마장에는 관중 7만 5천여 명이 꽉 들어차 열띤 응원을 보내고 있었습니다. 선두 그룹을 형성한 말 열세 마리가 결승점을 먼저 통과하기 위해 마지막 힘을 내고 있었습니다. 그런데 일순간 관중들은 결승점이 아닌 30m 떨어진 꼴찌 말 세 마리에게 시선을 보냈습니다. 그리고 모두 으악 하는 비명을 질렀습니다. 대체 무슨 일이 벌어진 걸까요?

조지 5세 국왕의 경주마 '엔머'에 한 여성이 치어 쓰러지는 사고가 발생했기 때문입니다. 1913년 6월 4일 133년 전통을 자랑하는 경마대회 '엡섬더비Epsom Derby'에서 벌어진 일입니다. 오늘날 '더비'는 가까운 지역에 기반을 둔 두 팀이 벌이는 라이벌 경기를 일컫는 말이 되었습니다. 1789년 영국의 더비 백작이 3세마들을 모아 대결시키는 경주에서 비롯된 말입니다.

그런데 이 사건이 벌어지자 '재수 없는 여자가 신성한 더비 경마를 망쳤다'고 생각한 사람이 많았다고 합니다. 영국의 대표적인 신문 「더 타임스」는 "여성참정권자 사건, 폐하의 경마기수 다치다"라는 제목으로 기사를 냈습니다.[5] 그 일로 머리를 심하게 다친 여성은 나흘 만에 시망했는네도 말입니다.

그 여성은 누구이고, 왜 경마 현장에 뛰어들었을까요? 그는 만 40세 에밀리 데이비슨Emily Davison입니다. 에밀리 데이비슨은 옥스퍼드대에서 영문학을 전공했고, 교사로 일했습니다. 영국의 여성 참정권 운동가 '서프러제트Suffragette'로 활동했습니다. 당시 영국은 여성에게는 선거권을 주지 않았습니다.

에멀린 팽크허스트가 결성한 여성사회정치동맹^{WSPU}은 여성의 선거권을 쟁취하기 위한 갖가지 투쟁을 벌였는데, 에밀리 데이비슨은 여성사회정치동맹 열성 회원으로 각종 시위에 참여했습니다. 그 과정에서 10여 차례 체포됐고, 일곱 번이나 옥중 단식투쟁을 벌이기도 했습니다. 이날도 그는 경주장에 뛰어들기 전 "여성에게 참정권을!"이라고 외쳤습니다. 이 사건을 계기로 여성 참정권 요구는 폭발하였고 마침내 1918년 30세 이상, 1928년에는 21세 이상 여성이 투표할 수 있게 됐습니다.

우리나라 헌법 제11조 1항은 "모든 국민은 법 앞에 평등하다. 누구든지 성별·종교 또는 사회적 신분에 의하여 정치적·경제적·사회적·문화적 생활의 모든 영역에 있어서 차별을 받지 아니한다."입니다. 우리나라는 만 18세가 되어야 한다는 제한이 있긴 하지만 재산, 신분, 성별, 교육 정도 따위로 차별하지 않고 누구에게나 선거권을 보장하는 '보통선거' 원칙이 지켜지고 있습니다. 하지만 영국 사례에서 보았듯이 처음부터 이러한 보통선거 원칙이 지켜진 것은 아닙니다.

미국에서는 세금을 내는 21세 이상 백인 남성만 투표

권이 있다가 1870년에 흑인 남성도 투표할 수 있게 되었는데, 흑인들이 실제로 안심하고 투표를 할 수 있게 된 것은 1965년 투표권법이 통과된 이후입니다. 여성은 1920년에서야 투표에 참여할 수 있게 되었습니다. 이 역시 많은 미국 여성이 백악관 앞에서 몸을 쇠사슬로 묶는 시위를 하며 투쟁한 결과입니다.

프랑스는 1944년, 스위스는 1971년이 되어서야 보통선거제를 도입했습니다. 남아프리카공화국의 경우 아파

르트헤이트(인종차별정책)로 인해 흑인들에게 선거권을 주지 않다가 1994년 흑인 지도자 넬슨 만델라가 대통령이 된 후에야 모든 인종에게 동등한 투표권을 주었습니다. 심지어 사우디아라비아는 2015년 처음으로 여성들이 투표에 참여할 수 있었습니다.

하지만 여전히 대부분 나라에서는 어린이, 청소년들에게 투표권을 주지 않습니다. 다만 브라질, 오스트리아, 아르헨티나 등이 만 16세부터 투표할 수 있으며, 이란은 만 15세부터 투표할 수 있습니다.

— 선거권도 기본소득도 '보편성' 원칙에 따라 —

사실 선거권은 중요한 정치적 권리입니다. 그러하기에 모든 국민이 누려야 할 권리입니다. 기본소득 역시 마찬가지입니다. 그래서 기본소득은 '보편성'을 '무조건성', '개별성'과 더불어 가장 중요한 원칙으로 생각합니다. 기본소득의 보편성은 그 사회 구성원이라면 어린이든 노인이든 나이 구별 없이, 부자든 가난한 사람이든 재산과 관계없이, 성별이 무엇이든, 종교와 정치적 신념이나 인종 등을 따지지 않고 모두에게 똑같이 지급되어야 한다는 원칙입니다.

보편성의 반대말은 선별 또는 차별입니다. 가난한 사람들에게만 주는 것이 더 효과가 크다고 주장하는 사람도 있습니다. 초기에 선거권을 부자들에게만 주던 것과 비슷한 주장입니다. 그런데 기본소득은 선거권과 마찬가지로 '권리'로서 누리는 것이기에 그 사회 구성원 모두가 평등하게 누리는 것이 맞습니다.

대상을 선별하고, 금액 등을 차별 지급하려면 대상자를 선정하는 데 많은 행정비용이 듭니다. 대상자를 정확히 찾기도 어려울뿐더러 그 과정에서 빠지게 되어 제대로 복지를 누리지 못하는 사람들도 생길 수 있습니다. 실제로 현재 복지 제도는 가난한 사람이나 일정 기준에 맞는 사람만 골라서 복지 혜택을 줍니다. 그러다 보니 자신이 신청 대상자인지 몰라서, 신청 방법이 복잡해서 지원을 받지 못하는 사람이 있습니다.

그뿐만 아니라 신청 과정에서 자존심이 상해서 결국 굶어 죽거나 심지어 자살을 선택하는 사람들이 있었습니다.[6]

21세기 선진국 대한민국에서 벌어지는 일이라고는 상상도 할 수 없는 일이 실제 일어난다는 것이 부끄러울 뿐

모두 똑같이!
기본소득
붕어빵
그거
빼가면
팥 없는
붕어빵...
보편성

입니다. 그뿐인가요? 자신은 왜 대상자가 되지 못하느냐고 항의하는 사람도 생기고, 받는 사람과 못 받는 사람으로 나뉘어 갈등이 생기기도 합니다. 복지 혜택을 받는 사람들은 자신이 가난한 사람, 능력 없는 사람으로 낙인찍힐까 봐 걱정입니다.

실제로 2021년 가을 재난지원금을 줄 때 국민 88%만 대상자로 선정하면서 불만이 20만 건 이상 쏟아져 나와 정부도 무척 당황하는 일이 벌어졌습니다. 한 정치인은 "역사적으로 이렇게 많은 돈을 주고 이렇게 많은 욕을 먹은 일이 있었는지 참담하다."[7]라고 전 국민 100% 보편지급을 촉구하기도 했습니다.

지금은 초등학생 누구나 먹을 수 있는 보편 급식도 처음에는 가난한 아이들만을 대상으로 한 선별 급식으로 실시되었습니다. 하지만 급식비를 지원받은 아이가 가난한 아이라고 차별받는 문제가 생기면서 결국 우리 아이들 모두가 건강한 급식을 주눅 들지 않고 먹을 수 있도록 보편 무상 급식으로 바뀌었습니다.

기본소득 원칙 가운데 보편성이 중요한 까닭이 무엇인지 알겠지요? 기본소득은 가난한 사람을 돕기 위한 제도가 아니기 때문입니다. 기본소득은 모두의 몫을 모두에게 똑같이 나눠 주는 것이기 때문에 그 사회 구성원이라면 누구나 받아야 마땅합니다. 선거권이 누구에게나 주어지듯 말이죠. 보편성이 없다면 기본소득이 아닙니다.

왜 조건을 걸지도,
따지지도 않나요?

다섯 가지 원칙 (2) 무조건성

옛날이야기 한 토막을 짧게 들려줄게요.

옛날에 욕심 많은 형이 아버지가 물려준 재산을 몽땅 차지하는 바람에 착한 동생은 가난한 나무꾼으로 살았대요. 어느 날 착한 동생이 호랑이를 만나 도망치다가 구덩이에 빠졌는데, 거기에 꿀이 많아서 막 먹었지요. 그런데 그날부터 방귀가 뽕뽕 나오는데 어찌나 달콤하고, 향기로운지 사람들이 서로 맡으려고 해서 단 방귀를 팔아 큰 부자가 되었답니다.

그 소문을 들은 형이 동생을 찾아와 그 비결을 캐물었

어요. 형도 곧 산에 들어가 나무를 하는데 정말 호랑이가 나타나서 허겁지겁 도망가다 구덩이가 있어서 일부러 빠졌어요. 형은 부자가 될 생각에 누런 것을 막 퍼먹기 시작했지요. 그러고는 사람들에게 단 방귀를 팔겠다고 방귀를 뀌었는데 앗 세상에 어찌나 썩은 냄새가 나는지 사람들은 화가 나서 그 형을 흠씬 패 주었다고 합니다. 형이 먹은 누런 것이 꿀이 아니라 똥 덩이였다지 뭐예요.

"단 방귀 장수"라는 우리나라 옛이야기입니다. 혹시 "말하는 남생이[8]"라는 옛날이야기도 아나요?

옛날 어느 마을에 못된 형이 아버지 재산을 몽땅 차지하는 바람에 동생은 홀어머니를 모시고 가난하게 살았대요. 동생은 어느 날 산에서 나무를 하면서 가난하고 못난 자기 처지를 한탄했어요. 그런데 동생이 하는 말을 그대로 따라 하는 남생이가 있었대요. 남생이는 거북이처럼 생긴 동물이에요. 동생은 그 남생이를 집에 데리고 왔어요.

그런데 사람들이 말하는 남생이를 신기해해서 구경값을 막 주더래요. 덕분에 동생은 큰 부자가 되었어요. 그 소문을 들은 형이 말하는 남생이를 데려다가 자신도 큰돈을 벌어 보려 했지요. 그런데 남생이가 말을 안 하는 바람에 형은 사람들에게 사기꾼으로 몰려 호되게 혼나고 말았대요.

이것 말고도 "흥부와 놀부"도 우리가 잘 아는 이야기입니다. 이 이야기들에서 공통점을 혹시 눈치챘나요?

― 대가를 요구하지 않는 기본소득 ―

옛날에는 부모님 재산을 큰아들이 물려받는 경우가 많았어요. 큰아들이 부모님을 모시고, 가문을 이어가며, 제사를 지내기 때문이었습니다. 하지만 못된 형이 결국 벌받았다고 이야기하는 "단 방귀 장수"나 "말하는 남생이" "흥부와 놀부" 같은 옛날이야기가 널리 퍼진 것을 보면 큰아들이 재산을 모두 상속받는 것에 대해 불만이 컸다는 것을 짐작할 수 있습니다.

지금은 어떠할까요? 아들이든 딸이든, 나이가 많은 첫째든 꼬맹이 막내든, 재산이 많은 부자 자식이든 가난한 자식이든 현행법에서는 부모의 유산을 모두 똑같이 상속받을 수 있습니다.

기본소득의 원칙 가운데 '무조건성'이 있습니다. 무조건성은 커다랗게 두 가지 의미가 있습니다. 첫째, 자격 심사를 하지 않습니다. 기본소득을 주는 데 재산이 많은지 적은지, 현재 일을 할 수 있는지 없는지 등을 따지지 않고 무조건 지급한다는 말입니다. 둘째, 대가를 요구하지 않습니다. 기본소득을 줄 테니 이것 해라, 저것 해라 요구하지 않습니다. 그냥 기본소득 주고 끝입니다. 아주 단순 명쾌하지요.

기본소득의 무조건성은 직장을 잃은 실직자들이 받을 수 있는 실업급여와 비교해 보면 쉽게 이해할 수 있습니다. 실업급여는 고용보험에 가입하여 6개월 이상 직장에 다니다가 회사의 사정으로 그만둔 때에만 신청할 수 있습니다. 회사를 스스로 그만두거나, 중대한 잘못으로 해고된 경우에는 받을 수 없습니다. 게다가 이게 전부가 아닙니다. 실업급여를 받기 위해서는 자신이 열심히 다른 직장을 구하기 위해서 애쓰는데도 아직 직장을 못 구하고 있다는 것을 증명해야 합니다. 그러니 실업급여를 받는 동안에도 내가 얼마나 열심히 구직활동을 했는지 입증할 증거를 제출해야 하지요.

하지만 기본소득은 소득이나 재산이 많은지 적은지 따지지 않습니다. 그뿐만 아니라 기본소득을 조건으로 어떻게 살라고 요구하지도 않습니다. 왜 그럴까요? 기본소득은 모두의 몫으로서 사회 구성원들이 누려야 할 권리이기

♪♬♪
무조건 무조건이야~♪
물지도 않고?
따지지도 않고?
조건도 없다고?

때문에 조건을 따질 필요가 없으니까요.

부모 재산을 상속받을 때도 자식이라는 사실 외에 그 사람이 효자인지 불효자인지, 공부를 잘했는지 못했는지, 지금 재산이 많은지 적은지 등을 따지지 않습니다. 무조건 자식들에게 똑같이 나눠 주는 것을 원칙으로 합니다. 그리고 상속받은 돈을 어떻게 쓰라고 조건을 달지 않습니다. 자식들이 알아서 집을 사든, 저축을 하든, 기부를 하든 자기 마음대로 쓸 수 있습니다.

― 복지함정과 예산 낭비 ―

기본소득 무조건성 원칙 덕분에 공무원들은 자격 심사를 하느라 더는 시간을 낭비하거나, 쓸데없이 비용을 낭비할 필요가 없습니다. 또 기본소득이 이뤄지면 복지함정에 빠지지 않습니다. 복지함정이란, 가난한 사람들이 복지 혜택을 받을 자격을 얻기 위해 돈을 벌 수 있는 일이 있어도 하지 않는 현상을 말합니다.

예를 들면 김가난 씨는 재산도 없고, 소득도 없다는 자격 심사를 통과해야 기초생활수급자가 됩니다. 그래야 생계, 주거, 의료, 교육, 문화서비스, 교통비, 수도 및 전기

등 각종 요금 할인 혜택을 받을 수 있습니다. 그런데 김가난 씨가 한 달 100만 원 월급을 받을 수 있는 일을 시작하면 기초생활수급자에서 탈락하게 됩니다. 그러면 각종 혜택을 받을 수 없죠. 복지 혜택이 내가 벌 돈 100만 원보다 많거나 비슷하면 결국 복지 혜택을 받기 위해 일하지 않는 '복지함정'에 빠지게 되지요.

하지만 기본소득은 자격 심사 없이 무조건 지급하므로 일해서 100만 원 월급을 받는 사람은 기본소득을 추가로 받아서 더 많은 소득을 올릴 수 있으므로 일하려는 사람이 늘어날 것입니다. 복지함정이 사라집니다.

참여소득을 주장하는 사람도 있습니다. 참여소득이란 사회에 보탬이 되는 일 예를 들면 봉사활동에 참여했거나, 걷기 활동, 돌봄 활동, 각종 캠페인에 참여한 사람들에게만 돈을 지급하자는 아이디어입니다. 그럴 때 우리 사회가 더 건강해질 것이고, 기본소득에만 의존하는 문제를 피할 수 있으며, 국민을 설득하기도 좋다고 주장합니다.

상당히 설득력 있어 보입니다. 하지만 기본소득은 우리 사회를 더 좋게 만들기 위해서 보장하려는 게 아닙니다. 모두의 몫에 대한 모두의 권리를 보장하려는 게 우선입니다. 그래서 먼저 무조건 지급되어야 합니다. 더 바람직한 사회로 나아가는 것은 그 후에 방법을 찾으면 됩니다. 또한 참여소득을 주려면 참여 여부를 판정하고, 관리해야 해서 큰 비용이 들 수 있다는 문제를 갖고 있습니다.

교회에 다니는 사람은 하나님의 사랑을 '아가페αγάπη'라고 부릅니다. 아가페는 그리스어로 인간에 대한 신의 조건 없는 사랑, 절대적인 사랑을 뜻합니다. 신뿐만이 아닙니다. 부모님이 자식을 사랑하는 까닭 역시 자식이 예뻐서, 잘나서가 아닙니다. 자식이 나중에 자신에게 효도할 것을 조건으로 사랑을 베풀지 않습니다. 자식이기 때문에 무조건 사랑하는 것입니다.

기본소득 역시 공유부에서 나온 이득을 모두의 몫으로 돌려주는 것이므로 그 사회 구성원이라면 무조건 받아야 할 권리입니다. 기본소득을 받은 사람이 일을 열심히 해야 한다거나, 봉사 활동을 해야 한다거나 하는 조건을 달거나 기대해서는 안 됩니다. 그러니 기본소득 때문에 사람들이 일을 안 하거나 게을러지면 어떡하느냐고, 또는 그 돈으로 술을 마시거나 나쁜 일을 벌이면 어떡하느냐고 걱정할 필요가 없지요. 헌법에 명시된 생명권을 보장하면서 '저 사람이 자기 생명을 함부로 쓰면 어쩌지' 하고 걱정하지 않듯 말이죠.

복지현청
왼쪽
함정에 유의
하시고 직진
하세요

왜 한 사람 한 사람에게 주나요?

다섯 가지 원칙(3) 개별성

"할아버지 무슨 소원 비셨어요?"

할아버지 칠순 잔칫날 손자가 한 질문에 할머니가 얼른 답합니다.

"첫째는 자식 하는 일 다 잘되고 건강한 거. 둘째는 자식들에게 짐 안 되게 건강하게 살다 죽는 거."

사실 할아버지에게는 다른 소원이 있었답니다. 그것은 바로 '발레리노'가 되는 것이죠.

발레리노는 발레를 하는 남자 무용수를 가리킵니다. 할아버지는 열 살 때 우연히 발레하는 장면을 보았고, 신기해서 따라 해 보고 싶었지만 어려운 가정 형편에 엄두도 내지 못했습니다. 우편집배원으로 평생을 열심히 일하며 세 자녀를 훌륭히 키우는 일에 자신을 다 바쳤습니다. 가족을 위해 사는 삶이 행복하고, 당연히 그래야 한다고 믿었습니다.

─ 왜 할아버지는 발레리노 하면 안 돼? ─

그런데 일흔 살 어느 날 어린 시절 꿈을 그리워하게 됩니다. 하지만 가족들에게 당당하게 발레를 하겠다는 말을 못 합니다. 늙어서 주책이라는 비난과 가족들 망신시키지 말고 곱게 늙으라는 충고를 들을 것이 뻔했기 때문입니다. 실제로 할아버지가 발레를 배운다는 사실이 알려지자 자식들은 남부끄럽다며, 다른 어르신들처럼 등산이나 게이트볼을 하시라고 권합니다. 할아버지가 "가슴에 품고 살던 거 하나 해 보는 게 그렇게 안 될 일이냐"며 발레를 계속하자 큰아들은 "자식보다 발레가 더 중요하냐?"며 화를 냅니다.

사실 큰아들 역시 어릴 적 야구선수를 꿈꿨지만 장남으로서, 아빠로서, 남편으로서 역할을 다하기 위해 대기업부장으로 힘들어도 꾹 참고 일하고 있었지요. 큰딸은 가족들이 바라는 대로 자식 낳아 단란한 가정을 꾸려야 했기에 오랫동안 임신을 위해 애쓰고 있었습니다. 큰손녀 또한 아버지가 바라는 대로 대기업에 들어가려고 계속 도전했고, 큰며느리는 자기 일 대신 며느리로, 아내로, 엄마로 주어진 역할에 최선을 다하고 있었습니다.

이 가족은 남들 보기에 성공한 화목한 가족이었지만 가족이라는 이름으로 서로가 진정 바라는 삶을 접어 두고 살 수밖에 없었습니다. 그런데 할아버지가 그런 가족 눈

치를 더 보지 않고 자신이 원하는 삶을 살기 시작하자 결국 가족들 역시 각자 바라는 삶을 찾게 되고, 서로를 응원하는 모습으로 바뀌게 되었습니다.

만화가 훈이 그린 웹툰 「나빌레라」의 줄거리입니다. 나중에 뮤지컬과 드라마로도 만들어져 많은 사람에게 큰 감동을 주었죠.

― 가족을 위해 참아야 한다고? ―

우리나라는 '가족주의'가 아주 강한 나라입니다. 물론 가족은 참 소중합니다. "가족밖에 없어"라는 말을 서슴지 않고 말합니다. 그런데 이 가족 사랑이 너무 지나치면 때로 가족 구성원 개개인을 힘들게 합니다.

『이상한 정상가족』[9]을 지은 김희경 선생님은 최근까지도 자주 문제가 된 아동학대 문제는 잘못된 가족주의에서 비롯되었다고 진단합니다. 가족주의란 가족 구성원 한 사람 한 사람보다 가족 집단을 더 중요하게 여기는 오랜 생각과 문화를 일컫습니다. 가족주의에 빠지면 부모가 자식을 소유물로 생각해 '내 자식 내 맘대로 하겠다는데 당신이 무슨 상관이냐?'며 학대를 자식에 대한 사랑이나 교육으로 포장합니다.

가족주의는 가정 안에서만 문제가 되는 게 아닙니다. 누군가를 돌보거나 교육하거나 기르는 일을 오롯이 가족 단위로 해결하게끔 만들어 온 사회 구조 역시 가족주의에서 시작되었죠. 가족주의 사회에서는 치매 노인이나 장애 아동을 가족이 온전히 책임져야 하기 때문에 결국 돌봄 노동을 버티지 못하고 가족을 버리거나, 심지어는 살해하는 일들이 벌어집니다.

아무리 부모라고 해도 독립된 존재로서 아이를 바라본다면 때리거나 학대하는 일은 있을 수 없습니다. 꼭 때리지 않더라도 지나치게 아이 사생활에 간섭하거나 학습을 강요하는 것 역시 또 다른 학대라고 김희경 선생님은 주장합니다. 부모가 못 이룬 꿈을 자식을 통해서 대신 이루려고 하거나, 아이를 통해서 자기를 과시하려는 행동 모두 잘못되었다고 이야기합니다.

한국은 짧은 시간 안에 경제 성장을 이룩했지만 안정망으로서 사회 복지가 함께 발달하지 못했습니다. 그러다 보니 믿을 것은 가족뿐이라는 생각이 커졌고, 가족 서로가 책임을 요구하고, 그것이 뜻대로 되지 않았을 때 폭력이 발생하는 악순환이 계속되고 있습니다. 그 과정에서 부모와 자식으로 이뤄진 가족만을 '정상가족'으로 생각하며, 한부모 가족이나 다문화 가족을 비정상으로 취급해 차별하는 잘못을 저지르고 있습니다. 이런 문제를 해결하려면 어떻게 해야 할까요?

— 기본소득, '가부장제'를 깨뜨려 줘 —

가족에게 주어진 지나친 책임을 사회가 나눠 가져야 합니다. 아동을 돌보는 책임이 부모에게만 있지 않고 사회 전체에 있다는 생각으로 다양한 돌봄서비스가 이뤄져야 합니다. 출산휴가를 당연하게 여기는 문화도 필요합니다. 치매 노인을 돌보는 일 역시 이제 국가가 나서서 힘껏 부담해야 합니다. 이렇게 사회서비스를 늘리고 더불어 기본소득이 한 사람 한 사람에게 주어질 때 강력한 가족주의를 깨뜨릴 수 있습니다.

그동안 우리나라 복지 서비스는 주로 세대주 중심으로 돌아갔습니다. 세대주가 뭐냐고요? 다 그렇지는 않지만, 주로 한 집에서 같이 살며 생계를 같이하는 무리를 '가구'라고 하는데, 세대주는 이런 가구를 대표하는 사람이라고 생각하면 이해하기 쉽습니다. 코로나19로 지급한 1차 재난지원금은 1인 가구 40만 원, 2인 가구 60만 원, 3인 가구 80만 원, 4인 이상 가구 100만 원을 지급했습니다. 뭔가 이상하지 않나요?

한 사람이 40만 원이면, 두 사람이면 80만 원이고, 세 사람이면 120만 원이어야 하는데, 세대주 중심으로 가구당 돈을 지급하다 보니 가구 구성원이 많을수록 한 사람당 받을 수 있는 지원금이 적어지는 거죠. 게다가 법적으로는 한 가구지만 실제로는 남처럼 지내는 가정이나, 부모와 사이가 좋지 않은 자녀는 지원금을 세대주가 독차지해 버리고 나눠 주지 않기도 해 문제가 생기기도 했습니다.

농민기본소득 역시 비슷한 갈등을 겪고 있습니다. 농민 개개인에게 지급하지 않고 농가 단위로 지급하다 보니 여성농민이 소외되는 일이 많이 발생합니다. 우리나라는 보통 세대주가 아버지 또는 남편으로 돼 있어서 어떤 여성농민은 농민기본소득을 전혀 받지 못하기도 하거든요. 그래서 일부 농민들은 농가에 주는 농민기본소득을 농민 개개인에게 지급하라고 강력히 요구하고 있습니다.

앞에서 얘기한 웹툰 「나빌레라」 가족들도 1차 재난지원금을 받았다면 큰아들에게만 100만 원이 지급되었을

한사람
한사람
모두에게..

것입니다. 가족들은 큰아들 눈치만 보게 되겠지요. 이렇게 지원금이 한 사람 한 사람에게 주어지지 않으면, 전 국민 재난지원금이라고 말하지만 이름과는 달리 가구, 세대 단위 지급 방식 때문에 전 국민이 아닌 일부 국민만 받게 되는 문제를 일으킵니다.

— 그러니까 한 사람 한 사람에게! —

하지만 기본소득은 세대나 가족 대표에게만 주는 게 아니라 구성원 각자에게 돌아갑니다. 한 사람 한 사람이 똑같은 금액을 받습니다. 그 까닭은 앞에서 여러 차례 강조했듯 모두의 몫에 대한 정당한 권리는 개개인 모두가 갖고 있기 때문입니다. 개인이 받으므로 누구 눈치도 보지 않고, 자신이 필요한 곳에 당당하게 사용할 수 있습니다.

부모가 자식을 혼내다가 자기 뜻대로 되지 않을 때 마지막으로 꺼내는 카드가 있습니다.

"너 내 말 안 들을 거면 당장 집 나가. 내가 돈 벌어서 너 옷 입히고, 먹이고, 교육시키고 다 했는데, 내 말 듣기 싫으면 다 놓고 나가."

스스로 번 돈이 없는 아이들은 이 말 앞에서 결국 입을

닫을 수밖에 없습니다. 이런 모습을 우리는 가부장 사회라고 합니다. 주로 한 사람이 재산을 관리하고 가족을 지배하는 모습을 가부장제라고 하지요. 어떤 가족은 사랑으로 똘똘 뭉쳐 있는 듯 보이지만 그 밑바닥에는 돈을 중심으로 한 계급 관계가 도사리고 있습니다. 평소에는 꽁꽁 숨어 있지만 갈등 상황에서 나오는 괴물이지요.

한 사람 한 사람에게 주어지는 기본소득으로 가부장 괴물을 해치우고, 가족을 조금 느슨하게, 서로를 존중하는 형태로 만들면 어떨까요? 「나빌레라」에서도 개인에게 기본소득이 주어졌다면, 가족 구성원들이 어쩔 수 없이 가족 눈치 보느라 각자가 원하는 삶을 포기하는 일은 없었겠지요? 가족이 서로 삶을 응원하고 존중하는 문화를 만드는 데 기본소득이 밑바탕이 될 수 있습니다.

왜 한 번에 주지 않고 나눠 주나요?

다섯 가지 원칙 (4) 정기성

　16세기 영국의 위대한 문학가 윌리엄 셰익스피어,『돈키호테』로 명성을 떨친 스페인 소설가 세르반테스,『레미제라블』을 쓴 프랑스 작가 빅토르 위고,『죄와 벌』을 쓴 러시아 대문호 도스토옙스키 이들의 공통점을 아시나요? 모두 남자들입니다.

　소크라테스, 플라톤, 아리스토텔레스, 데카르트, 칸트 등 유명한 철학자들도 남자들입니다. 과학자, 음악가, 화가 등 과거 여러 분야에서 뛰어난 업적을 남긴 사람들 대부분은 남자들입니다. 세상의 절반은 여자들인데 도대체 왜 이럴까요?

─ 버지니아 울프는 기본소득주의자? ─

이 문제에 대해 진지하게 고민한 사람이 있습니다. 바로 20세기 영국의 소설가 버지니아 울프입니다. 버지니아 울프는 그가 쓴 책『자기만의 방』에서 이렇게 물었습니다. '왜 19세기 전에는 여성 소설가를 찾기 힘들까? 문학 재능이 뛰어난 여성이 그전에는 없었을까?' 여러분은 어떻게 생각하나요?

버지니아 울프는 여성이 교육받을 기회를 얻지 못했고 글을 쓸 수 없는 환경에 놓였으며 나아가 글쓰기로 생계를 유지할 권리 자체가 여성에겐 허용되지 않던 현실을 날카롭게 꼬집었습니다. 그는 '만약 영국의 위대한 극작가 셰익스피어에게 놀라운 재능을 지닌 여동생, 예를 들어 주디스라는 여동생이 있었더라면 그는 셰익스피어처럼 유명한 극작가가 될 수 있었을까?' 하고 물으며 평등하지 못한 사회를 비판했지요.

셰익스피어는『햄릿』,『로미오와 줄리엣』,『베니스의 상인』,『리어왕』등 수많은 작품을 남기며 영국을 대표하는 작가로 칭송받지요. 그런 셰익스피어와 똑같은 재능을 지닌 여동생이 있었다면 어땠을까요? 버지니아 울프는 그 당시 사회 분위기 속에서 주디스는 재능을 꽃피우지 못했을 것이라고 주장했습니다.

그러면서 여성들에게 해마다 연금 500파운드(지금 우리나라 돈으로 약 4,000만 원에서 5,000만 원 정도)가 주어지고 자기만의 방이 있었다면 상황은 달라졌을 거라고 말합니다. 굳이 아버지와 남자 형제에게 손 내밀지 않아도 자유

로운 삶을 살며 자신이 경험한 이야기를 글로 쓸 수 있었을 거라고 말하지요.

사실 버지니아 울프 자신도 글을 자유롭게 쓸 수 있었던 까닭은 숙모가 돌아가시면서 유산으로 2,500파운드를 남겼기 때문입니다. 그전까지는 신문사에 글을 보내서 원고료로 겨우 먹고살던 버지니아 울프는 이제 먹고살 걱정으로 원하지 않는 글을 쓸 필요가 없게 되었습니다. '숙모님의 유산은 내게 하늘의 베일을 벗겨 주었다.'라고 표현할 만큼 자유를 주었다고 말합니다.

― 청소년에게 기본소득이 주어진다면? ―

우리는 보통 조선 시대에는 양반들만 과거시험을 볼 수 있었다고 생각합니다. 사실은 천민을 제외한 농부나 어부 같은 상민들도 과거시험을 볼 자격은 있었습니다. 하지만 상민들이 과거에 합격하는 일은 정말 하늘의 별 따기였습니다. 평민이 양반보다 지능이 떨어져서일까요?

아닙니다. 양반들은 집안 재산으로 일하지 않고 오로지 과거 공부에만 몰두할 수 있었습니다. 하지만 상민들은 하루하루 먹고살기 바빴기 때문에 공부할 시간이 없었고 그러니 과거 급제를 꿈꿀 수 없었을 뿐입니다.

요즘도 가난한 대학생들은 학비를 마련하느라 편의점, 주유소, 커피숍 등에서 아르바이트를 해야 합니다. 그러다 보니 몸이 지치고, 공부에 집중할 수 없습니다. 결국 좋은 성적을 내지 못하고 장학금을 받을 수 없고, 좋은 직장을 얻기도 힘듭니다. 그러다 보면 또 아르바이트를 할 수밖에 없습니다. 이런 악순환을 끊을 수 방법이 없을까요?

만약 이 대학생들에게 일정 기간마다 기본소득이 주어지면 어떤 일이 벌어질까요? 아마 어쩔 수 없이 하는 아르바이트를 그만두고 학업 또는 자신이 하고 싶은 일에 집중할 수 있을 것입니다. 억지로 하는 일을 그만둘 수 있는 자유, 생각만 해도 짜릿하지 않나요?

부당한 대우를 받으면서도 먹고살 길이 막막해서 어쩔 수 없이 묵묵히 참고 일하는 노동자들이 있습니다. 그런데 달마다 꼬박꼬박 일정하게 기본소득이 나온다면 과연 열악한 노동 환경이나 부당한 대우를 견디며 일할까요? 아마 당장 그만두거나 당당하게 맞서 싸울 것입니다.

이렇듯 기본소득은 불리한 사회적 여건에서 벗어나 최소한 먹고살 걱정은 없이 내가 하고 싶은 일을 하게 도와줄 수 있습니다. 그러니 기본소득은 한꺼번에 목돈으로 주어지기보다는 달마다 또는 해마다 일정하게 주어져야 합니다. 살아가는 데 필요한 안전판 구실을 해야 하기 때문이죠. 적어도 사람답게 살 수 있는 안전판이 있다면 도전할 수 있는 용기가 생깁니다. 실패해도 나락으로 떨어지는 것이 아니라 먹고살 기반이 언제든지 변함없이 우리 곁에 있으면 도전할 수 있습니다. 그럴 때 우리 사회는 더 활력이 넘치게 될 것입니다.

기본소득과 비슷한 개념이지만, 나눠서 달마다 또는 해마다 꾸준히 주지 않고 한 번에 목돈을 주자는 '기초자산제'가 있습니다. 보통 기초자산제는 청년들에게 3천만 원에서 1억 정도 되는 돈을 한꺼번에 주어 학비로 쓰거나 창업 또는 투자를 위한 종잣돈으로 쓰게 하자고 주장합니다.

기본소득은 달마다 조금씩 나눠 주기 때문에 조금씩이나마 평생 생계를 보장해 주는 안전판 구실을 한다고 했

늑
ㅅ
본
기

지요? 하지만 기초자산제는 청년 시기 받은 돈을 잘 투자하면 괜찮지만 혹시나 실패하면 그 이후 삶이 막막해질 수 있다는 문제를 갖고 있습니다. 한꺼번에 목돈으로 줬다가 한순간에 날려 버리면 어떻게 안전판 구실을 할 수 있겠어요?

또한 기본소득은 공유부를 바탕으로 하기 때문에 사회 구성원 모두에게 주어지지만, 기초자산은 청년 시기에만 단 한 번 주기 때문에 청년 시기를 이미 지난 사람은 공유부에 대한 권리를 행사할 수 없다는 문제도 있습니다.

목돈을 한꺼번에 주면 큰돈을 원하는 데 쓸 수 있는 자유는 늘겠지만, 평생 안정된 삶을 보장하기는 어려울 수 있습니다. 적은 돈이지만 달마다 혹은 일정 기간마다 꾸준히 주어지는 기본소득이 있다면 적어도 먹고살 궁리 때문에 원치 않는 일을 억지로 해야 하는 사람들은 사라지지 않을까요?

왜 물건으로 주지 않고 돈으로 주나요?

다섯 가지 원칙 (5) 현금성

맘대로 선생님 반과 나민주 선생님 반 아이들은 잔뜩 신나 있습니다. 오늘은 교과 수업이 없거든요. 대신 친구들과 동네 탐방하러 나갑니다. 동네책방에도 가 보고 음식점에서 맛있는 음식도 먹을 생각에 아이들은 들떠 있습니다.

― 누가 결정권을 가져야 할까요? ―

맘대로 선생님은 미리 서점에 전화해서 학교 예산으로

반 아이들 수만큼 책을 주문해 놓았어요. 그리고 동네 분 식집에도 음식을 주문했어요. 아이들에게 선택할 기회를 주면 시간만 많이 걸리고, 엉뚱한 곳에 돈을 쓰거나, 몸에 안 좋은 군것질에 돈을 다 쓸 게 뻔하기 때문이에요. 선생님이 좋은 것을 골라서 아이들에게 주는 것이 여러모로 편리하고, 아이들에게도 이익이 된다고 생각했어요.

옆 반 나민주 선생님은 동네 탐방을 떠나기 전 아이들에게 봉투를 하나씩 나눠 주었어요. 학교 예산으로 나온 돈을 반 아이들 수만큼 고르게 나누어 담았답니다.

"이 봉투에는 오늘 여러분이 사용할 수 있는 돈이 들어 있어요. 여러분이 잘 판단에서 동네 탐방할 때 적절하게 쓰세요."

맘대로 선생님 반 아이들은 책방에 들러 여러 책을 보았어요. 사고 싶은 책도 많았어요. 하지만 미리 선생님이 주문해 놓은 책을 받을 수밖에 없었어요. 본승이는 그 책을 이미 갖고 있던 터라 같은 책이 두 권 생겼어요. 하지만 바꿀 수 없었어요. 예림이는 속이 안 좋아서 음식을 먹을 수 없었지만 이미 주문이 되어 있었기 때문에 그냥 다 남길 수밖에 없었어요. 물론 아이들 대부분은 큰 불만이 없었어요. 공짜로 책도 한 권 받고, 분식도 먹었으니 만족했어요.

　나민주 선생님 반 아이들은 각자 돈을 어떻게 쓸지 궁리하며 흥분했어요. 이걸 살까? 저걸 살까? 고민하느라 시간이 오래 걸렸어요. 나민주 선생님은 그것도 교육이라고 생각했어요. 소비 습관을 잘 기르는 것도 중요하다고 생각했어요.

　프로게이머를 꿈꾸는 성현이는 e스포츠 관련 책을 사느라 돈을 다 썼어요. 메타버스 시대, e스포츠의 가치와 미래 산업 전망을 통해 자기 진로를 더 알아보고 싶었거든요. 그 바람에 점심 사 먹을 돈이 없어서 친구 것을 조금 얻어먹었어요. 하지만 자신이 원하는 책을 사서 참 뿌듯했어요. 반면 먹는 것을 즐겨하는 준현이는 책은 안 샀어요. 대신 음식점에서 제일 비싼 궁중떡볶이를 마음껏 먹을 수 있었어요. 사실 집안 형편이 좋지 않아 한 번도 먹어 보지 못했거든요. 책이야 도서관에서 빌려 보면 되니까 준현이는 후회하지 않았어요. 어떤 아이들은 돈을 어떻게 써야 할지 몰라 남기기도 했어요. 일일이 고르고 계산하느라 서점 주인도 바쁘고, 시간도 꽤 걸렸지만 그래도 아이들은 자기 마음대로 할 수 있어서 뿌듯했어요.

　그동안의 복지는 주로 정부 맘대로 사람들에게 필요한 것을 정해서 나눠 주는 방식을 택했어요. 쌀, 생수, 김치, 라면 등 물품으로 지원했어요. 또 쿠폰을 나눠 주더라도 제한된 물품만 살 수 있도록 했어요. 돈으로 나눠 주면 사람들이 혹시 함부로 쓸까 봐 걱정되니까요. 그런데 기본소득을 주장하는 이들은 모두의 몫을 모두에게 돌려줄 때 물건이나 서비스로 나눠 주기보다는 현금으로 지급해야 한다고 주장해요. 왜 그럴까요?

　우선 물건이나 서비스는 전달하는 데 힘이 들어요. 어떤 장애인은 행정복지센터에서 구호 물품을 받아 가라는 연락을 받았지만 집까지 들고 오기 힘들어서 포기하는 일이 있었습니다. 물품을 구입하고, 보관하고, 나눠 주는 데 모두 공무원 손길이 필요해요.

　현금으로 기본소득을 나눠 준다면? 계좌에 입금만 하면 돼요. 복지 공무원은 전달하는 데 힘을 기울이지 않아도 되기 때문에 그렇게 아낀 시간 동안 사람들에게 다른 복지 서비스를 줄 수 있어요.

　또한 물건이나 서비스는 100% 사람들을 만족시키지

라면
라면
김치
물품 지원과
배려는 고맙지만
우리가 직접 사면
안 될까요?

못해요. 코로나19로 자가격리를 하는 사람들에게 정부가 구호 물품 상자를 전달했지요. 물론 그런 배려는 무척 고마운 일이에요. 하지만 채식주의자에게 배달된 구호 물품 상자는 별로 소용이 없었어요. 참치나 육개장 등 채식주의자가 먹을 수 없는 음식들이 들어 있었거든요. 또 이미 집에 갖고 있는 것과 겹치는 물품도 있고요. 현금으로 주어 각자에게 필요한 물품을 알아서 주문하게 했다면 더 낫지 않았을까요?

그뿐만 아니라 현금으로 지급하게 되면 동네 상권이 활기를 띠어요. 코로나19로 정부가 국민들에게 재난지원금을 지급했을 때 지역화폐로 나눠 주었어요. 지역화폐는 자기가 사는 지역 가게에서만 쓸 수 있어요. 사람들은 동네 음식점에서 외식도 하고, 책방에서 필요한 책도 사고, 정육점에서 고기도 살 수 있었어요. 덕분에 모처럼 동네 가게 사장님들이 활짝 웃었어요. 하지만 동네 가게가 아닌 곳에서 물품을 대량으로 사서 나눠 주었다면 동네 가게가 오히려 장사하기 힘들어졌을 거예요.

사실 해외 원조 현장에서도 비슷한 현상이 발생해요. 지난 수십 해 동안 아프리카에 수많은 자원을 지원했는데 왜 여전히 아프리카는 빈곤에서 벗어나지 못하고 있을까요? 그 까닭은 여럿 있겠지만 그 가운데 하나는 아프리카 사람들이 필요로 하는 것을 정확히 지원하지 않았기 때문이랍니다.

예를 들어, 도와주는 나라에서 학교를 지어 주는 것이 좋겠다고 생각해서 많은 돈을 들여 학교를 건설했지만 몇 해 뒤 학교가 텅 비어 있는 경우가 많았답니다. 학교를 운영할 예산이 계속 뒷받침되지 않았고, 당장 먹고살기 바빠서 부모가 아이들을 학교에 보내지도 않았기 때문입니다.

또 우리가 열심히 모아서 보낸 헌 옷이 오히려 그 나라 의류업을 망치게 하는 경우도 있다고 합니다.[10] 아직 의류업이 발달하지 않은 아프리카 나라들에 값싼 헌 옷들이 쏟아져 현지 의류업이 살아남기 어렵게 됐다고 해요.[11] 말라리아를 예방하기 위해 아프리카에 모기장을 보내는 운동도 있었는데, 뜻은 좋았지만 그 바람에 현지 모기장 공

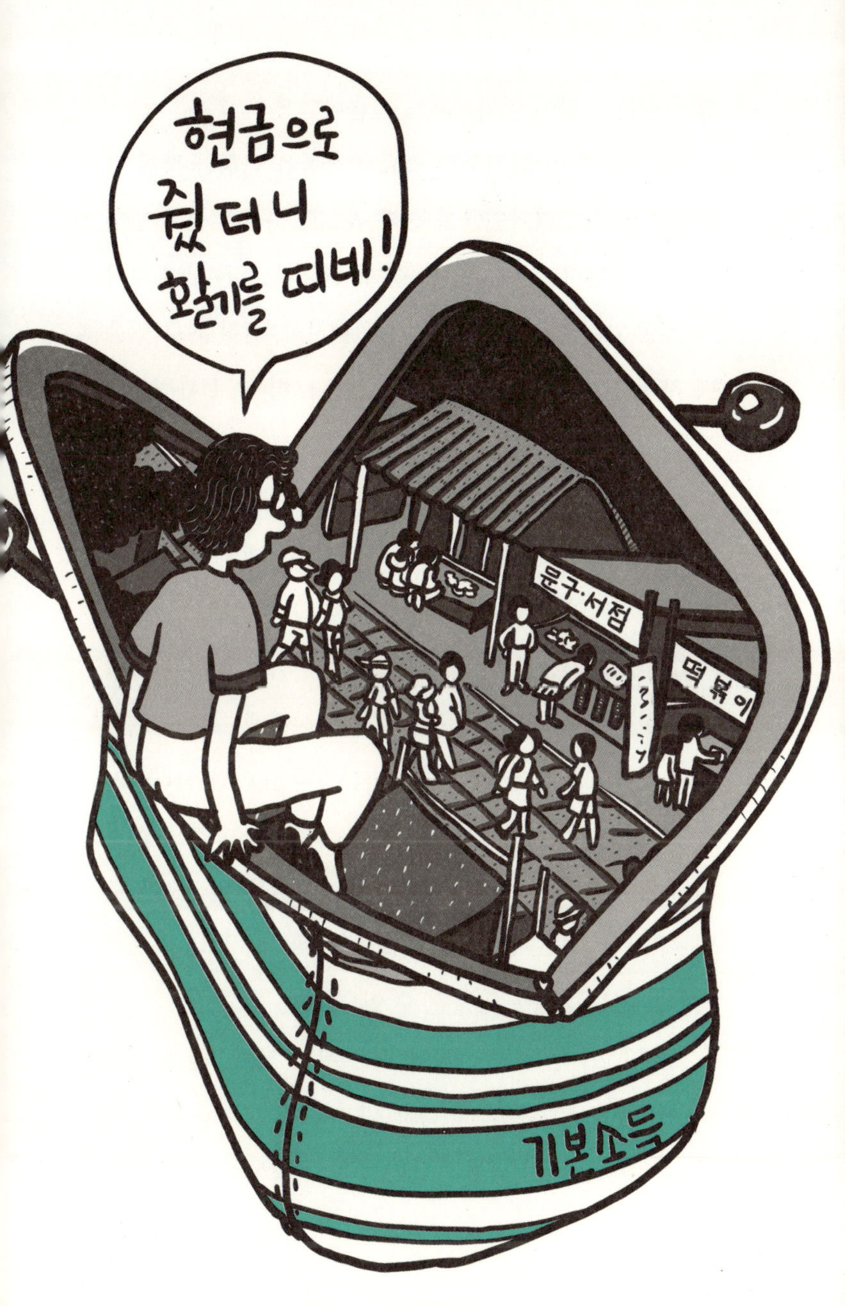

현금으로 줬더니 활기를 띠네!
문구·서점
떡볶이
기본소득

장이 망하는 일이 벌어지기도 했습니다.[12]

기부하는 쪽이 편리하게 필요한 물품을 택하는 것이 아니라 현지 아프리카인들이 진짜 필요로 하는 것을 지원해 주어야 합니다. 사실 자신들에게 필요한 것은 스스로가 가장 잘 압니다. 그들 스스로가 선택하고, 결정할 수 있을 때 자립하는 방법도 배울 수 있습니다. 비록 그 과정에서 잘못된 선택을 할 수도 있고, 실패할 수도 있지만 거기서 배울 수 있습니다. 나민주 선생님 반 아이들이 스스로 돈을 써 보는 경험을 통해서 더 나은 소비 방법을 배우는 것과 마찬가지입니다.

기본소득을 현금으로 지급해야 하는 까닭은 바로 사람에 대한 믿음이 있기 때문입니다. '자신에게 가장 필요한 것은 스스로가 가장 잘 안다.' 기본소득은 시민 권리이기 때문에 어디에 얼마만큼 쓸 것인지 결정하는 것도 각자 시민 몫이 되어야 합니다. 앞서 이야기했듯 현금으로 주면 행정력 낭비도 줄일 수 있습니다. 게다가 동네 가게가 활기를 띠는 효과까지 누릴 수 있습니다.

그렇다고 기본소득 주장이 모든 복지 서비스를 폐지하고 현금으로 바꿔 지급하라고 말하는 건 아니랍니다. 기본소득이 실시되더라도 공공의료와 공교육 서비스 등은 오히려 강화되어야 합니다.

지금까지 기본소득이 제대로 작동하기 위한 다섯 가지 원칙을 살펴보았습니다. 이를 통해 기본소득이 가진 여러 장점도 확인할 수 있었습니다. 이외에 기본소득을 실시하면 또 어떤 좋은 점들이 있을까요? 이어질 3부에서 기본소득을 통해 이룰 수 있는 더 나은 세상을 상상해 봅시다.

3부

원하는 세상 그리기

기본소득으로 기후위기를 해결할 수 있을까요?

탄소부담금과 생태기본소득

여러분이 아는 최고의 구두쇠는 누구인가요? 오늘 소개할 '탐욕'이라는 구두쇠는 '내 것은 당연히 내 것이고, 모두의 것도 내 것이고, 심지어 남의 것도 기회만 되면 내 것'이라고 생각했어요. 탐욕이 이야기에는 어떤 기본소득 이야기가 숨어 있을까요?

─ 탐욕이와 금팬티 은팬티 이야기 ─

나무꾼들은 어린나무는 베지 않았어요. 어부들이 어린

물고기를 다시 놓아주듯 나중을 위해 다 큰 나무만 찾아 베었답니다. 그래서 다 큰 나무를 찾아 더 깊은 산 속으로 힘들게 올라가야 했지요. 하지만 탐욕이는 어린나무고, 큰 나무고 따지지 않고 눈에 보이는 대로 싹쓸이했어요. 오로지 빨리 나무해다가 돈을 벌 생각만 했지요.

다른 나무꾼들은 큰 나무를 벤 자리에 미래를 위해 어린나무를 사다가 새로 심었어요. 하지만 탐욕이는 묘목값도 아까웠고, 그럴 시간에 나무 한 그루라도 더 베어 돈을 벌어야 해서 나무를 심는 일도 없었답니다.

탐욕이의 재산은 점점 늘어 갔어요. 탐욕이의 욕심도 점점 커져 갔어요. 마을 사람들은 탐욕이를 손가락질했지만, 한 편으로는 탐욕이가 큰 부자가 되는 것이 부럽기도 했어요.

탐욕이는 엄청난 구두쇠였어요. 무엇이든 자기 손에 들어오면 절대 내놓는 법이 없었어요. 심지어는 때도 닦지 않았어요. 다 자기가 먹어서 자기 몸이 되었는데 씻어 없앤다는 것은 말이 되지 않는다고 생각했어요. 게다가 목욕탕에 가려면 돈이 들잖아요. 그 돈도 너무 아까웠어요. 팬티도 갈아입는 법이 없었어요. 새 팬티를 사려면 돈이 드니까요. 그 바람에 팬티가 아주 시커멓게 되었지만 신경 쓰지 않았어요.

탐욕이는 부자가 되었지만 나무하는 일을 멈추지 않았어요. 어느 더운 여름날 땀이 비 오듯 쏟아졌어요. 더 일하기가 힘들 지경이었어요. 다른 나무꾼들은 서둘러 나무를 해서 내려가 목욕탕에서 찬물로 샤워를 하기로 했어요. 탐욕이는 그런 나무꾼들이 이해가 되지 않았어요. 돈을 허투루 쓰니 부자가 못 된다고 생각했어요.

하지만 탐욕이도 무더위를 참을 수는 없었어요. 그래서 돈이 들지 않는 연못을 찾았어요. 옷은 잘 벗어 두고 팬티만 달랑 입고 물에 들어갔어요. 그런데 그 연못은 바로 정직이에게 금도끼 은도끼를 준 산신령이 사는 연못이었답니다.

탐욕이가 연못에 들어오자 연못 물은 금세 시커멓게 변했어요. 한참 씻지 않은 탐욕이의 때가 연못을 뒤덮었어요. 물고기들은 산소가 부족해서 헉헉거리며 숨을 쉬기 위해 물 밖으로 연신 뛰어올랐어요. 산신령도 갑자기 물색이 탁해지고, 물맛도 이상해져서 괴이하게 여겼어요.

그렇게 난리가 났는데도 탐욕이는 헤엄치며 신나게 물놀이를 즐겼어요. 그러다가 그만 팬티가 훌러덩 벗겨지고 말았어요. 탐욕이는 맨몸으로 밖에 나가는 것보다 팬티를 잃어버린 것이 너무 분했어요. 그래서 팬티를 찾기 위해 자맥질을 몇 번이나 했지만 도무지 찾을 수가 없었어요.

멀쩡한 팬티가 너무 아까웠던 탐욕이는 통곡을 하며 울기 시작했어요. 그 소리가 어찌나 큰지 산신령은 시끄러워서 견딜 수가 없었어요.

"아니 누가 이리도 시끄럽게 우느냐?"

산신령이 나타나자 탐욕이는 하소연을 했어요.

"제가 그만 헤엄치다가 제 팬티를 잃어버렸습니다. 그 팬티는 참 귀하고 또 귀한 팬티랍니다."

산신령은 팬티 한 장 잃어버렸다고 그렇게 시끄럽게 울어댔다는 것이 기가 막혔어요. 그래도 얼른 그 나무꾼을 돌려보내고 연못의 평화를 되찾고 싶었어요. 얼른 연못으로 들어가 은팬티 한 장을 꺼내 왔어요.

"이 팬티가 네 팬티냐?"

탐욕이는 그 순간 눈이 휙 돌아갔어요. 은팬티가 꼭 갖고 싶었거든요. 그래서 순간적으로 입을 열었어요.

"네! 제 팬…!"

그러다가 갑자기 입을 틀어막았어요. 소문으로 들었던 '금도끼 은도끼' 이야기가 생각났거든요. 탐욕이는 재빨리 머리를 굴렸어요.

"아니요. 그 팬티는 제 팬티가 아닙니다."

그러면서 머리를 절레절레 흔들었어요. 그러자 산신령은 할 수 없이 잠시 후 금팬티 한 장을 찾아와서는 흔들며 말했어요.

"그럼 이 팬티가 네 팬티냐?"

탐욕이 눈이 휘둥그레졌어요.

"네! 그 팬티는 제 팬…!"

그러다가 얼른 말을 멈추고, 가슴을 쓸어내렸어요. 하마터면 금팬티를 갖고 싶은 속마음을 그대로 말할 뻔했어요. 진짜 '금도끼 은도끼' 이야기처럼 되어 가고 있는데 금팬티 한 장에 만족할 수는 없는 노릇이지요. 그래서 한 번 더 꾹 참았어요.

"아닙니다. 그 팬티도 제 팬티가 아닙니다."

산신령은 고개를 갸우뚱했습니다. 지난번 쇠도끼를 잃어버린 나무꾼도 은도끼, 금도끼가 모두 자기 것이 아니라고 말하더니 이번 나무꾼도 똑같았기 때문입니다. 할 수 없이 산신령은 한참 동안 연못을 샅샅이 뒤져서 시커먼 똥팬티 한 장을 찾았어요. 코를 틀어막고 겨우 손끝으로 잡고 나타났지요.

"우웩! 그러면 혹시 이 팬티가 네 팬티냐?"

탐욕이는 얼굴이 환해졌어요. 제 팬티를 찾았다는 기쁨보다 '금도끼 은도끼' 이야기처럼 이제 자기 품에 들어올 '금팬티, 은팬티'를 생각하니 아주 기뻤기 때문이에요.

"네. 맞습니다. 그 팬티가 제 팬티입니다. 전 정말 정직하지요? 그러니 금팬티, 은팬티 다 저 주실 거죠?"

그러면서 그만 자기 속내를 다 털어놓고 말았습니다. 산신령은 어찌 된 사정인지를 금방 꿰뚫어 보았습니다.

"뭐 금팬티, 은팬티를 다 주라고? 이런 괘씸한 놈을 보았나? 모두가 함께 쓰는 연못에 이 더러운 똥팬티를 입고 와서 연못을 못 쓰게 만든 네 죄는 어찌 갚겠느냐? 씻지도 않은 몸으로 들어와 깨끗했던 연못을 땟국물로 만들어 물고기들을 죽음으로 내몬 네 잘못을 어찌 물겠느냐?"

그러면서 계속 꾸짖었어요.

"네 놈이 걸어온 길을 꿰뚫어 보니 나무를 베기만 하고 심지는 않고, 어린나무마저 다 베어서 제 주머니만 가득 채웠구나. 괘씸한 놈 같으니라고. 자연은 네 혼자의 것이 아니라 모두의 것인데, 모두의 것을 마치 제 것인 양 쓴 네 죄를 난 엄히 물을 것이다. 땅과 물 공기 그 어느 것 하나도 네 것이 아니라 온 생명 모두의 것인데 제멋대로 훼손해서 네 부를 채웠으니 그것은 마땅히 모두에게 돌려주

너가
망가뜨린
자연을 복구하는
비용도 모두
내 놓거라!

어야 할 것이다!"

서릿발 같은 산신령의 꾸짖음에 탐욕이는 바들바들 떨었어요. 그래서 납작 엎드려 살려 달라고 싹싹 빌었어요. 산신령은 마지막으로 탐욕이에게 말했어요.

"네가 애써 일한 네 몫을 제외한 나머지 모두의 몫을 모두에게 돌려주어라. 이 더러워진 연못을 포함해 네가 망가뜨린 자연을 되돌리는 데 드는 비용도 모두 내놓아라. 그리하면 네 목숨과 원래 네 몫은 인정해 주리라. 알겠느냐?"

— 모두의 몫을 해치는 탐욕, 기후위기를 불러오다 —

'금팬티 은팬티' 이야기 속 산신령 어떤가요? 정말 멋지지 않나요? 반대로 탐욕이는 어떤가요? 탐욕이 지나쳐 뭇 생명까지 죽게 하다니. 이런 일이 현실에서도 일어난다면 어떨 것 같나요? 탐욕이처럼 자기 이익을 위해 환경 오염도 서슴지 않는 사람, 돈을 위해 자연을 파괴하는 기업들이 있답니다. 그 바람에 지구는 병들고 있습니다. 여러분들도 이미 잘 알고 있지요? 지나치게 많아진 온실가스로 인해 지구가 얼마나 심한 몸살을 앓고 있는지 말입니다.

온실가스가 지구를 뒤덮어서 태양으로부터 지구에 온 열이 다시 대기 밖으로 빠져나가지 못하고, 그로 인해 지구 온도가 점점 올라가는 현상을 지구온난화라고 말합니다. 많은 기후 학자들은 지구온난화라는 단어가 오늘날 지구가 맞닥뜨린 위협을 제대로 전달하지 못한다고 생각해 이제는 '기후변화, 기후위기, 기후재앙'이라는 표현으로 바꿔 부르고 있습니다. 온실가스는 어쩌다 기후위기를 불러올 만큼 많아졌을까요?

탐욕이처럼 모두의 몫을 해치면서까지 제 몫만 챙기려고 한 인간의 욕심 때문이지요. 우리 인간은 땅속 깊은 곳에서 석유와 석탄을 꺼내 공장을 돌리고, 자동차와 비행기, 선박을 움직이게 했어요. 또 고기를 많이 먹으려는 욕심으로 엄청난 숲을 없애고 그곳에 가축을 기르거나 가축이 먹을 곡물을 길렀지요. 그뿐인가요? 버려지는 음식물과 옷, 플라스틱 쓰레기와 오염된 폐수가 넘쳐 나는데도 에너지를 펑펑 쓰며 편리한 삶을 즐기고 있어요.

이렇게 계속 온실가스를 내뿜으면 물 부족, 흉년, 해수면 상승에 따른 침수, 해일 같은 재해로 집을 잃게 되는 기후 난민이 2050년 안에 12억 명에 달할 수 있대요.[13]

또 지구가 감당할 수 없는 만큼 지구 평균기온이 오르

면 인간이 탄소를 전혀 배출하지 않더라도 지구 스스로 탄소를 내뿜는 상태가 돼 지구는 여섯 번째 대멸종을 맞을 수 있다고도 해요.[14]

— 기후위기 시대, 생태기본소득을 외치다 —

다행스럽게도 온실가스를 줄이려는 노력이 조금씩 이뤄지고 있어요. 그 가운데 하나가 에너지 요금을 올려 에너지 사용량을 줄이려는 정책입니다. 그런데 당장 전기요금이나 물값이 오르면 어떨까요? 경제부담이 늘어난 시민들이 반발하겠지요. 그러니 에너지 요금을 올려 온실가스를 줄이려는 정책은 쉽게 펼 수 없어요.

실제로 2018년 프랑스 정부가 유류세 인상을 하자 운전자들을 중심으로 한 '노란 조끼 시위'[15]가 걷잡을 수 없이 커졌습니다. 그 바람에 결국 프랑스 정부는 유류세 인상을 포기했어요.

하지만 스위스는 좀 남달랐습니다. 2008년부터 난방용 화석연료에 '탄소부담금'이라는 세금을 매겨 1톤당 12프랑씩 걷기 시작해서 2018년에는 톤당 96프랑(약 11만 5,000원)씩 탄소부담금을 걷었습니다. 그런데 시민들이 폭동을 일으키지도, 반발하지도 않았습니다. 그 까닭은 그렇게 걷은 돈을 '생태배당'이라는 이름으로 모든 시민에게 똑같이 기본소득으로 나눠 주었기 때문입니다. 2019년 기준 스위스 국민은 한 해에 한 사람당 76.8프랑(약 9만 6,000원)을 받는다고 합니다.

결국 에너지를 많이 쓰는 사람이나 기업들은 탄소부담금을 많이 내기 때문에 에너지를 절약하려는 마음을 갖습니다. 에너지를 적게 쓰는 사람들은 부담하는 돈보다 오히려 배당받는 돈이 더 큽니다. 그러니 반대할 이유가 없는 셈이지요.

실제로 스위스는 탄소부담금과 생태배당이 도입된 2008년 이후 2019년까지 12년 동안 탄소 배출량은 약 21% 정도나 감축되어 생태배당이 이뤄지기 전보다 두 배 이상 탄소를 줄일 수 있었다고 해요.

이처럼 기본소득은 지구 기후위기를 극복하는 방안 가운데 하나로 쓰일 수 있습니다. 현재 우리나라에서도 '기본소득 탄소세법'을 논의하고 있습니다. 부끄럽지만 우리나라는 '기후악당국가'로 불립니다. 온실가스를 많이 배출하는 반면 줄이기 위한 노력은 아직 많이 부족하다는 것이지요. 늦어도 2050년까지는 우리가 배출하는 이산화

탄소를 우리 스스로 다 제거할 수 있는 탄소제로, 탄소중립을 달성을 해야 합니다.

그렇게 하기 위해서는 온실가스 배출량에 강력한 탄소세를 부과해서 기업과 개인이 온실가스를 덜 배출하게 만들어야 합니다. 그 과정에서 가난한 사람들이 탄소세 때문에 너무 큰 부담을 갖지 않도록 탄소세로 거둬들인 돈을 기본소득으로 모두에게 똑같이 나눠 갖도록 하자는 게

'생태기본소득'입니다. 이는 우리가 함께 살아가는 생태적 책임을 우리 사회 구성원 모두가 함께 지자는 것입니다. 아울러 공정한 분배를 통해 누구나 생태적 생활을 가능케 하자는 것이지요.

물론 생태기본소득만으로 시급한 기후위기 문제를 다 해결할 수는 없습니다. 지금 당장 기후위기를 극복하기 위해 우리가 할 수 있는 일을 시작해야 합니다. 그리고 기업과 정부에 강력히 생태사회로 전환하자고 요구해야 합니다. 기본소득은 그 수단이 될 수 있을 것입니다.

기본소득으로 불평등을 해결할 수 있나요?

능력주의와 차별에서 벗어나기

    요즘 학교에는 화장실 청소를 따로 해 주시는 분이 계시지요? 그런데 예전에는 학생들이 직접 화장실을 청소했습니다. 지금도 교실 청소는 스스로 하지요? 화장실 청소를 좋아하는 사람은 아마 거의 없을 것 같습니다. 교실 쓰레기통을 비우는 일 역시 좋아하는 사람은 별로 없지요. 그런데 사람들이 하기 싫은 일은 누가 해야 할까요? 다음 선생님들이 택한 방식 가운데 가장 좋은 방안은 무엇인지 생각해 봅시다.

능력 제일 선생님은 늘 공부가 최우선입니다.

"학생이 할 일은 공부이다. 그래서 학생에게는 공부가 제일 중요하다. 어른들이 돈 버는 일을 하는 것처럼 너희들은 성적을 높이는 공부가 너희들 할 일이다."

늘 이런 말씀을 입에 달고 삽니다. 그래서 학급의 모든 일을 결정할 때 공부를 기준으로 삼습니다. 학급 회장을 뽑을 때는 공부를 잘하는 사람들만 출마할 수 있게 했습니다. 화장실 청소 당번을 정할 때는 공부 못하는 아이들을 시켰습니다.

"학교는 작은 사회이다. 그러니 공부 못하면 사회 나가서도 개고생이다. 공부 못하는 사람들이 남들이 하기 싫어하는 일을 도맡아 하는 것이 당연하다. 그러니 화장실 청소도 공부 못하는 사람들이 하는 거다. 하기 싫으면 공부 열심히 해서 성적을 올려라."

아이들은 선생님 말씀에 딱히 뭐라 반박해야 할지 몰랐어요. 공부 못하는 친구들은 다 자기가 잘못해서 화장실 청소를 해야 하는 거로 생각했어요. 공부 잘하는 친구들 역시 자신들은 화장실 청소 안 하는 것을 자신들이 평소

시험성적
결과가
나왔습니~
~~~
다!!!
능력주의
차별
청소!
~~~

열심히 공부했기 때문에 얻는 당연한 이익이라고 생각했어요. 과연 화장실 청소를 공부 못하는 아이들이 맡는 것이 맞을까요?

평등 제일 선생님은 학교 화장실은 모두가 쓰는 것이니 모두가 돌아가며 청소해야 한다고 생각합니다. 그래서 번호 순서대로 돌아가면서 청소를 합니다. 최소한 자기가 싼 똥은 자기가 치워야 한다고 생각합니다. 공부를 잘하든 못하든 차별 없이 똑같이 자기 순번이 되면 화장실 청소를 해야 합니다. 비위가 약한 사람도 예외 없이 자신이 맡은 날에는 화장실 청소를 해야 하고, 쓰레기통을 비워야 합니다.

평등 제일 선생님은 학급의 모든 일을 똑같이 나눠 맡겼습니다. 축구 대회를 할 때도 축구 실력이 뛰어난 아이나 하고 싶어 하는 아이 순서가 아닌 모두가 똑같이 차례로 돌아가며 했습니다. 급식 순서도 차례로 돌아가며 철저히 지켰습니다. 그런 평등한 반이 좋은 반이라고 굳게 믿고 자신은 공평한 담임이라는 자부심을 품었습니다.

선택 제일 선생님은 학급운영 방식이 또 달랐습니다. 학급 일 각각에 대해서 선호도를 조사했습니다. 아이들이 서로 하고 싶어 하는 일과 싫어하는 일을 우선 구분했습니다. 그리고 아이들 각자가 잘하는 일과 서툰 일도 알아보았습니다. 꼭 함께해야 할 일과 각자 알아서 할 일도 나누었습니다. 그러고는 여러 사람이 하고 싶어 하는 일을 하게 된 사람들에게는 그 일을 할 수 있게 된 대신 다른 봉사를 함께할 것을 요구했습니다. 반면 남들이 좋아하지 않는 일을 맡게 된 사람에게는 더 많은 혜택을 주었습니다.

과연 여러분은 능력 제일, 평등 제일, 선택 제일 선생님 가운데 어떤 반에서 생활하고 싶은가요? 현재 우리 사회는 어떤 학급이라고 볼 수 있을까요?

― 원하지 않는 일을 억지로 할 필요가 없어진다면 ―

우리 사회는 공부 제일, 그러니까 능력 제일 사회입니다. 내가 가진 몫이 오로지 내 능력 때문이라고 생각합니다. 더럽고, 힘들고, 위험한 일을 맡는 것은 능력에 따른 공정한 결과라고 여기는 능력주의[16] 사회입니다. 적어도 동등한 출발선에서 경쟁할 수 있는 발판도 마련하지 않은 채, 약자에 대한 배려도 없이, 사회가 정한 기준에 따라 사람을 차별하는 사회가 옳은 사회인가요?

부모들은 자기 자식이 공부 열심히 해서 더럽고, 힘들고, 위험한 일을 안 하기를 바랍니다. 그런데 현실은 가혹하지요. 부는 대물림되어 부잣집에서 태어난 아이는 가난한 집에서 태어난 아이보다 사교육도 많이 받고 정보도 얻기 쉬워 좋은 직장에 다니는 경우가 더 많습니다. 분명 우리 사회는 과거 신분제를 폐지했는데, 누가 특별히 강제하지 않았는데 자연스럽게 또 다른 신분제 사회가 된 듯합니다.

사회에서 하기 싫은 일을 도맡아 하는 사람에게 심지어 월급도 적게 줍니다. 무능해서 그 일을 하게 되었고, 그 사람은 그 일을 안 하면 다른 일을 할 것이 없다는 까닭으로 겨우 목숨값을 유지할 만큼 적은 돈을 받고 그 일을 묵묵히 수행합니다. 힘든 일에 치여 자기 능력을 계발할 시간도, 자녀를 제대로 돌보고 가르칠 여유도 없습니다. 그러다 보니 가난은 대물림되는 경우가 많습니다.

그런데 만약 모두에게 기본소득을 지급하면 어떤 변화가 생길까요? 더럽고, 어렵고, 위험한 일이지만 그 일 아니면 먹고살 길이 막연했기에 어쩔 수 없이 일해야 했던 사람들은 그 일을 그만둘 수 있지 않을까요? 앞서 말했듯 기본소득은 태어난 환경에 상관없이 적어도 먹고살 수 있

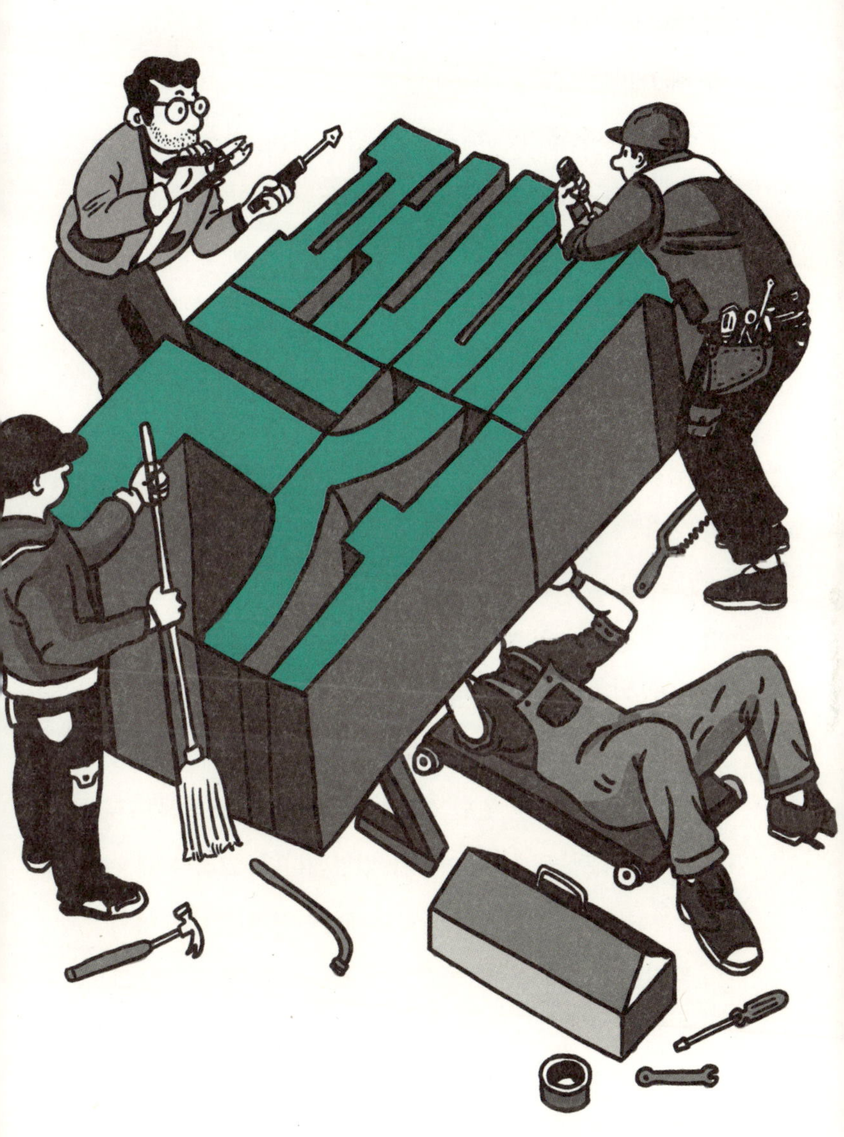

는 안전판이 될 수 있습니다. 그러니 기본소득이 있다면 생계를 위해서 억지로 하던 일을 그만두고 더 다양한 일을 해 보려는 사람들이 늘어날 수 있습니다.

기본소득이 생기면 더럽고, 어렵고, 위험한 일은 아무도 안 하려고 할까요? 더럽고, 어렵고, 위험한 일을 아무도 안 하려고 하는데도, 사회에서 누군가는 해야 할 일이니까 자기가 하겠다는 사람이 있다면요? 당연히 그에게 더 많은 급여를 줘야 하겠지요. 또 남들이 하기 싫은 일이지만 사회를 위해 계속 일하려는 사람들이 있다면, 그들을 귀하게 여기는 사회가 돼야 합니다. 그러니 기본소득이 생기면, 더럽고, 어렵고, 힘든 일을 하는 사람들이 지금처럼 지나치게 적은 돈을 받거나, 무시하는 시선을 견디며 일할 필요가 없게 될 거예요.

또 한 가지는 로봇 개발로 사람이 하기 싫은 일이나 위험한 일은 로봇이 대신할 수 있도록 할 것입니다. 지금까지는 값싼 월급에도 일할 사람이 있었기에 굳이 비싼 돈을 들여서 로봇을 만들 이유가 없었습니다. 그러나 많은 월급을 줘야 한다면 로봇으로 대체하는 것이 더 큰 이익이 되기 때문에 로봇 만드는 일이 활기를 띨 것입니다. 그렇게 되면 결국 사람들은 어렵고, 위험하고, 더러운 일에서 해방되어 자기가 하고 싶은 일을 하며 사는 세상으로 바뀌게 됩니다.

이처럼 기본소득은 새로운 세상, 사람들 모두가 조금 더 행복해지는 세상으로 전환하는 데 출발점이 될 수 있습니다. 원하지 않는 일을 억지로 하지 않아도 되는 세상, 또 사람들 대부분이 하지 않으려는 일에는 보상이 제대로 주어지는 세상, 그리고 부와 가난이 대물림되지 않는 세상 말이지요.

기본소득만 있으면 다 해결될까요?

주 4일 근무제와 타임뱅크

"자아~ 자아~ 애들은 가, 애들은 가. 애들은 애미, 애비로 바꿔 와." 시골 장터 한복판에서 우스꽝스러운 삐에로 복장을 한 아저씨가 입으로는 하모니카를 연주하고, 손으로는 바이올린을 연주하고, 발로는 등에 짊어진 커다란 북을 치는 모습에 사람들이 모여듭니다.

"자아, 날이면 날마다 오는 게 아냐! 기회는 딱 한 번뿐. 이 약으로 말할 것 같으면 아무튼 좋은 건 다 들었어. 이 약 한 번만 잡숴 봐. 저기 꼬부랑 할매 허리가 똑바로 펴져. 애기가 한 방에 들어서, 한마디로 못 고치는 병이 없어."

시골 약장수 아저씨의 현란한 말솜씨에 사람들은 금세 흠뻑 빠져듭니다. 그리고 너도나도 앞다퉈 약을 삽니다. 하지만 그 약을 먹어 봤자 사실 아무런 효과도 못 보고 뒤늦게 후회하는 경우가 많았습니다.

만병통치약은 세상에 없습니다. 그런 약이 있다면 벌써 노벨의학상을 수상했겠지요.

— 기본소득, 더 나은 사회를 위한 필요조건 —

기본소득 역시 마찬가지입니다. 기본소득은 사회문제를 해결하는 만병통치약이 아닙니다. 우리 사회가 가진 여러 문제를 해결하는 데 기본소득이 도움은 줄 수 있지요. 지금처럼 모두의 몫을 일부가 차지하는 일이 없게 바꿀 수 있습니다.

기본소득은, 우리가 앞서 이야기한 것처럼, 극심한 불평등을 조금이나마 해소하는 데 도움이 될 겁니다. 땅값이 너무 치솟아 생기는 부동산 문제도, 탄소 배출로 인한 기후위기 문제도 기본소득을 활용해 해답을 찾아갈 수 있다고 이야기했지요. 남성, 아버지 중심이던 가족질서도 좀 더 평등한 관계로 전환하는 데 도움을 줍니다.

기본소득은 골목상권에 활기를 불어넣을 수 있습니다. 노동자들이 생계를 위해 어쩔 수 없이 원하지 않는 일을 해야 하는 상황에서 벗어나게 도와줍니다. 또한 어렵고 힘든 일을 하는 사람들이 알맞은 대가를 받으며 일할 수 있는 사회로 바꾸는 데 징검다리 역할을 할 것입니다. 내 재주를 발휘해 삶을 꾸려 가려는 사람들에게 기본소득은 적어도 생계를 유지하게 도와줄 비빌 언덕이 됩니다.

이처럼 기본소득이 우리 사회를 좀 더 살기 좋게 만드

는 데 크게 기여할 거라고 생각합니다. 하지만 기본소득만으로 진짜 좋은 나라를 만들 수는 없습니다. 좋은 책만 읽는다고 세상이 바뀌지는 않지요? 독서가 세상을 살아가는 데 필요조건이지, 충분조건이 아닌 것처럼 기본소득은 좋은 세상을 만드는 데 필요한 필요조건이지, 충분조건은 아닙니다. 기본소득과 함께 여러 좋은 제도가 함께 돌아가야 우리 사회를 좀 더 살기 좋게 바꿀 수 있습니다.

― 주 4일 근무제와 타임뱅크를 소개합니다 ―

먼저 노농 시간을 줄여야 합니다. 아직도 한국은 오랜 시간 일하는 나라로 유명합니다. 그런데 동시에 일자리는 점점 줄어들고 있습니다. 청년들뿐만 아니라 많은 사람이 일자리를 구하지 못해 힘들어합니다. 그런 사람들에게 기본소득은 버팀목이 될 수 있습니다. 하지만 언제까지 버티고만 살 수는 없습니다. 일하는 사람에게만 일이 몰리지 않게, 법적으로 일해야 하는 날을 줄여 주면 좋겠지요. 그래서 나온 생각이 주 4일 근무제입니다.

일주일에 나흘만 일하는 주 4일제로 바꾸면 기업은 더 많은 사람을 뽑아야 합니다. 실업자들이 일할 기회가 그만큼 늘어나겠지요. 주 4일제가 되면 회사에 얽매이지 않고 자신이 하고 싶은 일을 할 수 있는 시간이 그만큼 늘어나 좀 더 자유로운 삶을 살 수 있습니다. 일하는 사람들은 충분히 쉬어 업무를 더 효율적으로 할 수 있고, 가족과 함께할 시간을 늘릴 수 있어 주 4일제를 반기는 사람들이 있습니다.

그런데 주 4일제가 되면 임금이 줄어들까 봐 주 4일제에 반대하는 노동자도 많습니다. 그런 걱정을 기본소득이 덜어 줄 수 있습니다. 기본소득을 주면서 동시에 주 4일제가 되어야 일자리 나누기를 통해서 실업 문제가 완화되고, 아울러 장시간 노동으로 생기는 문제도 극복할 수 있습니다.

하지만 우리나라에는 여전히 주 5일 근무조차 보장받지 못하는 일자리도 많습니다. 심지어는 안정적으로 일할 수 없는 비정규직 노동자들이 많은 설움을 당하고 있습니다. 이들에게 어쩌면 주 4일제는 '그림의 떡'이고, 딴 세상 이야기일 뿐입니다. 게다가 MZ세대로 불리는 요즘 청년들은 승진보다 워라밸, 소유보다 공유, 미래보다 현재를 중시해 돈을 적게 벌더라도 자기 시간을 자기가 원하는 대로 쓸 수 있는 삶을 선호합니다.[17] 4차 산업혁명으로 그동안 인간이 해 오던 일을 기계가 대신하는 경우도 점점 늘고 있습니다. 이런 상황을 고려해 기본소득과 함께 타임뱅크도 필요합니다.

타임뱅크 운동은 '남을 도운 시간을 적립해 남으로부터 도움을 받고 싶을 때 그 시간만큼 찾아 쓸 수 있는 시간 교환 시스템'입니다. 옛날 품앗이를 확대한 것으로 이해해도 좋습니다. 우리는 모든 것을 사고파는 시장경제 속에서 살고 있습니다. 기본소득 역시 그런 시장경제에서 모두의 것을 해치는 이가 없도록, 또 모두의 이익은 공평하게 나뉘도록, 아울러 시장경제가 잘 굴러가도록 도움을 줍니다.

시장경제는 모든 행위에 값을 매깁니다. 우리 시간에도 값이 매겨지지요. 바로 시급입니다. 그 값도 제각각입니다. 편의점 아르바이트 학생의 한 시간은 1만 원이 채 안 됩니다. 반면 대기업 임원의 한 시간은 수십만 원에서 수백만 원이 훌쩍 넘기도 합니다.

그런데 타임뱅크는 "모든 사람의 한 시간 값은 똑같다"고 주장합니다. 청소 노동자가 보내는 한 시간이나 변호사가 보내는 한 시간을 차별하지 않습니다. 예를 들어 변호사가 가수를 위해 한 시간 무료 법률 상담을 했다고 생

청소
6:00
공연
5:00
터미널
매표소
4:10
TV
song

각해 보세요. 변호사는 자기 능력으로 누군가를 도와 한 시간을 타임뱅크에 저축했습니다. 어느 날 변호사는 타임뱅크에 저축한 한 시간으로 청소 노동자에게 사무실 청소를 부탁할 수 있습니다. 그럼 변호사 사무실을 무료로 청소해 준 청소 노동자는 타임뱅크에 한 시간을 저축하지요. 청소 노동자는 저축한 한 시간으로 무료 공연을 볼수 있습니다. 바로 앞서 변호사에게 무료 상담을 받았던 가수의 공연이지요.

이런 식으로 꼭 돈이 오가지 않아도 변호사, 가수, 청소 노동자 모두 자기 재능을 바탕으로 서로에게 필요한 것을 주고받으며, 자신은 만족감을 얻을 수 있습니다. 더불어 서로 돕는 관계가 만늘어집니다.

사고로 전신마비가 되어 늘 도움을 받아야만 했던 한 여성이 있었습니다. 그 여성은 자기가 쓸모없는 사람이라 생각했고 그래서 우울했습니다. 그런데 타임뱅크를 통해서 홀로 사시는 할머니께 전화해 말벗을 해 드리는 봉사를 시작했습니다. 외로운 할머니로부터 고맙다는 말을 듣고 처음 자신이 살아있다는 느낌을 받았다고 합니다. 그 외로운 할머니는 반찬을 만들어서 이웃에게 나누는 봉사로 시간을 저축했습니다. 타임뱅크를 고리로 아름다운 일들이 많이 만들어졌습니다.

타임뱅크 창시자인 에드가 칸 박사는 "세상에 쓸모없는 사람은 없다"고 이야기합니다. 타임뱅크는 돈이 아닌 서로를 향한 베풂으로 모든 사람을 맺어 줘서 정을 느끼게 하고 우리 사회를 활기차게 만들 수 있습니다.

타임뱅크와 기본소득이 만난다면 우리는 돈을 벌기 위해서 써야만 하는 시간에서 조금은 자유로워질 수 있습니다. 줄어든 노동 시간을 타임뱅크를 통해 의미 있게, 행복하게 교환할 수 있다면 우리 사회가 지금보다 더 살 만한 사회가 되겠지요? 기본소득은 모두의 몫을 모두에게 나누는 역할과 더불어 이렇게 돌봄을 우선하는 사회를 만드는 밑거름으로도 쓰일 수 있습니다.

주 4일제 근무와 타임뱅크 말고 또 어떤 제도가 도입될 때 우리 사회가 더 좋아질까요? 여러분이 직접 제안해 보는 것은 어떨까요?

기본소득은 현재 일어나는 여러 문제를 해결할 출발점이지 도착점은 아닙니다. 기본소득과 또 다른 좋은 제도가 함께 도입될 때 우리 사회는 한 걸음 한 걸음 더 나아갈 수 있습니다.

4부

꿈이 아니라 현실로

기본소득에 필요한 돈은 어떻게 마련하나요?

시민소득세와 토지보유세 그리고 탄소세

대통령이나 시장을 뽑는 선거철이 돌아오면 꼭 이런 사람들 있지 않나요? 마치 자기가 다 해 줄 것처럼 말하는 사람들 말입니다. 자기가 대통령이 되면 세금을 팍팍 줄여 주겠다면서 복지는 확대해서 살기 좋은 나라를 만들겠다고 소리 높여 외치는 사람이 있어요. 솔깃한 이야기입니다. 복지는 늘리고, 세금은 줄여 주겠다니 얼마나 달콤한 이야기입니까?

하지만 세금은 줄이고 복지는 늘리겠다는 정치인이 있다면 사기꾼일 가능성이 큽니다. 복지를 늘리려면 돈이

많이 필요합니다. 결국 그 돈은 다 국민이 내는 세금으로
충당할 수밖에 없습니다. 그런데 세금을 늘리기는커녕 오
히려 줄여 준다니 대체 무슨 돈으로 복지를 하겠다는 것
일까요?

― 월 30만 원씩 기본소득을 주려면 ―

기본소득 역시 마찬가지입니다. 기본소득을 지급하려
면 돈이 필요하겠지요? 기본소득을 받고 싶다고 해서 하
늘에서 뚝 떨어지지 않습니다. 필요한 돈을 마련할 방안
이 있어야 합니다.

우리나라에 처음 기본소득 세노를 소개했고, 기본소득
실현 방안을 연구해 온 기본소득한국네트워크[18]에서는
대한민국 5천만 국민 모두에게 기본소득을 달마다 30만
원씩 주기 시작해서 그 액수를 점차 늘려 10년 안에 91
만 원으로 인상하는 방안을 2021년 제안했습니다.

국민 모두에게 달마다 30만 원씩 돌아가려면 한 해 동
안 186조 원 정도 돈이 필요합니다. 이 돈을 마련할 방안
을 제시하지 않는다면 기본소득은 헛된 꿈이고, 거짓일
뿐입니다.

기본소득한국네트워크는 기본소득에 필요한 돈을 마련하기 위한 여러 방안을 제시합니다. 가장 중요한 방안은 새로운 세금을 거두는 일입니다. 물론 이 세금은 앞서 우리가 이야기한 공유부, 그러니까 모두의 것을 모두의 몫으로 돌려주기 위해 거두는 세금으로서 여태 우리가 내던 세금과는 다른 세금이지요.

첫째 '시민소득세'로 약 80조를 걷습니다. 소득이 있는 시민이라면 누구나 내야 하는 세금으로 소득의 5%를 기본소득을 위해 따로 냅니다. '금도끼 은도끼'에서 정직이가 나무를 팔아서 얻은 돈 가운데 한 냥을 따로 떼 모두의 몫으로 나눈 것처럼, 시민들이 자기 소득 가운데 5%를 모두의 몫으로 돌려주자는 주장에서 나온 세금입니다.

연봉을 천만 원 받는 저소득층은 50만 원을 냅니다. 1억

재원 방안	금액(원)
토지보유세(0.5% 세율)	28.9조
시민소득세(5% 세율)	79.5조
세제 개혁안(고소득층 세금 감면 축소)	46.8조
탄소세	27.6조
복지 지출 조정	10조
확보 가능한 재원	192.8조
월 30만 원 기본소득 필요 재원	186.6조

원을 받는 고소득층은 500만 원을 냅니다. 10억 원을 받는 초고소득층은 5,000만 원을 내게 되겠지요. 돈을 많이 벌수록 모두의 것을 더 많이 이용해서 얻은 수익이므로, 각자 들인 노력과 능력을 고려하더라도, 5% 정도는 당연히 낼 수 있다는 생각입니다.

이 돈은 단지 세금으로 내고 끝나는 돈이 아니라 기본소득으로 고스란히 다시 시민들에게 지급됩니다. 그래서 내가 내야 할 돈과 받아야 할 돈도 쉽게 알 수 있습니다. 1인 가구를 기준으로 한다면 월 30만 원씩 360만 원을 기본소득으로 받습니다. 시민소득세로 5%를 내기 때문에 연봉이 7,200만 원보다 적으면 시민소득세로 내는 돈보다 기본소득으로 돌려받는 돈이 더 많습니다.

4인 가구를 기준으로 한다면 월 30만 원×4인×12개월 = 1,440만 원을 기본소득으로 받습니다. 그 가구 수입이 2억 8,800만 원을 넘어서지 않는다면 역시 기본소득으로 돌려받는 돈이 더 큽니다. 결국 대부분은 시민소득세로 내는 돈보다 기본소득으로 돌려받는 돈이 더 많습니다.

둘째 '토지보유세'로 약 29조를 걷습니다. 토지보유세는 법적으로 토지 주인이라고 돼 있는 이들이 내야 하는 세금으로서, 땅값의 0.5% 정도입니다. 토지는 원래 자연 공유부이니 이용 대가를 모두에게 나눠 줘야 합니다.

현재 종부세(종합부동산세)는 고가 부동산만을 대상으로 합니다. 하지만 토지보유세는 모든 토지를 대상으로 한다는 점이 다릅니다. 시민소득세 역시 모든 소득에 대해서 부과하는 것과 마찬가지로 토지보유세 역시 모든 토지를 대상으로 합니다. 그 까닭은 모두의 몫을 모두에게 기본소득으로 나눠야 한다는 원리를 바탕으로 하기 때문입니다.

토지보유세가 신설되면 지금까지 내던 종부세와 토지세는 통폐합하기 때문에 이중으로 과세하지 않습니다. 시민소득세와 마찬가지로 토지보유세 역시 추가로 세금을 내지만 결국 기본소득으로 돌려받기 때문에 80~90% 대다수 국민은 돌려받는 돈이 더 많습니다.

셋째 '탄소세'로 약 27조를 거둘 수 있습니다. 탄소세는 탄소를 배출하는 기업에 톤당 3만 8,000원을 내게 하는 세금입니다. 공기와 깨끗한 환경 역시 자연 공유부이므로 오염시킨 대가를 모두에게 나눠 줘야 합니다.

이처럼 시민소득세, 토지보유세, 탄소세라는 새로운 세금을 신설해서 약 136조를 기본소득 재원으로 마련할 수 있습니다.

시민소득세
토지보유세
탄소세
공유부

아직 50조가 부족하다고요? 현재 거두는 세금 가운데 부자들에게 더 유리한 세금을 깎아주는 제도[19]를 없애서 약 47조를 마련합니다. 그리고 기본소득과 겹치는 기존 복지제도를 개편[20]해서 약 10조를 추가로 마련할 수 있기 때문에 월 30만 원 지급에 필요한 186조보다 더 많은 193조를 준비할 수 있으므로 세수가 예상보다 조금 덜 걷힌다 해도 기본소득을 지급하는 데는 문제가 없습니다.

그런데 기억하나요? 월 30만 원으로 시작하지만 앞으로 10년 안에 기본소득을 높여 월 91만 원이 목표라는 점 말입니다. 그러려면 필요한 재원 역시 약 572조 원으로 3배 이상 껑충 뛸 것입니다. 그럼 그 돈은 어떻게 마련하느냐고요?

우선 월 30만 원씩 기본소득이 주어지기 시작하면 기본소득이 가져다주는 효과를 시민들이 피부로 느끼면서 기본소득에 대한 공감대가 커져 가겠지요. 이러한 공감대를 바탕으로 새로운 세금의 세율을 인상하거나 공유기금을 조성하는 방식을 통해 91만 원 기본소득의 재원을 충분히 마련할 수 있습니다.[21]

— 기본소득을 주면 나라가 망한다고? —

기본소득으로 국민에게 돈을 펑펑 나눠 주면 나라 망한다고 걱정하는 사람들이 있습니다. 또는 국가 빚이 잔뜩 늘어나서 다음 세대가 그 돈을 갚느라 고생할 거라고 반대하는 사람도 있습니다. 그런데 기본소득한국네트워크가 제시하는 방안은 전혀 그렇지 않습니다. 빚을 내서 나눠 주자는 주장이 결코 아닙니다. 증세를 통해 세금을 더 내서 기본소득으로 골고루 나눠 주자는 주장입니다. 그러므로 국가가 빚을 낼 필요도 없고, 다음 세대가 부담을 질 필요도 없습니다.

기본소득한국네트워크 주상대로 기본소득이 실시되면 오히려 극심한 소득 불평등을 줄이는 효과도 얻을 수 있습니다. OECD 회원국 가운데 소득 집중도가 높은 나라를 보여 주는 세계불평등데이터베이스^{WID22} 통계자료를 한번 볼까요?

한국은 소득 상위 1%가 전체 소득의 12.2%를, 그리고 상위 10%가 전체 소득의 43.3%를 차지합니다. 이게 무슨 말인가요? 이해하기 쉽게 전체 한국인이 100명이고, 이들이 먹을 파이 100인분이 있다고 가정해 봅시다. 돈을 가장 많이 번 사람부터 가장 적게 번 사람까지 줄을 세웠을 때, 줄 맨 앞에 있는 부자 1명이 파이 12인분을, 10명이 파이 43인분을 가지고 있다는 말입니다. 나머지 90명은 겨우 57인분을 가지고 나눠야 하는 상황입니다.

상위 10% 부자가 이렇게 많은 파이를 갖게 된 건 오로지 그들이 열심히 노력한 덕분인가요?

우리는 정직이가 숲에서 얻은 땔감이 모두 정직이 몫만은 아니라는 걸 이야기했습니다. 모두의 것에서 얻은 소

OECD 회원국의 소득 집중도(단위 : %, 2016년 통계 기준)

소득 상위 1%		소득 상위 10%	
칠레	23.7	칠레	54.9
터키	23.4	터키	53.9
미국	20.2	미국	47.0
영국	13.9	**한국**	43.3
캐나다	13.6	일본	41.6
폴란드	13.3	캐나다	41.4
독일	13.2	독일	40.3
한국	12.2	영국	40.0
네덜란드	6.3	네덜란드	26.9

자료: 세계불평등데이터베이스(WID)

득은 모두의 몫으로 돌려줘야 합니다. 상위 1%, 10% 들이 자신들이 가진 파이를 기본소득으로 내놓으면 나머지 90명의 몫이 더 늘어나니 소득불균형이 조금이나마 완화될 수 있습니다. 초고소득층 부자 한 명이 어차피 파이 12인분을 혼자서 먹어 치울 수 없습니다. 그 파이를 혼자의 노력과 능력으로 만든 것도 아닙니다. 그러니 다 먹지도 못할 파이를 혼자 차지하기보다는 사회 공동체 몫으로 돌려줄 때 90명이 57인분으로 아귀다툼을 벌이지 않아도 되어 그 사회가 더 기쁨이 넘칠 것입니다.

부자들이 모두의 몫을 인정하고, 스스로 기본소득에 동의하면 가장 좋습니다. 그런데 지금 당장 자기 재산이 줄어드는 것이 아까워 기본소득에 반대할 수 있습니다. 게다가 '유전무죄, 무전유죄'[23]라는 말이 있듯이 법조차도 부자들 편인 경우가 많습니다. 정치권력과 언론 등을 부자들이 장악하고 자신들에게 불리한 정책이 도입되지 못하도록 강력한 로비와 압력을 행사하기도 합니다.

하지만 다행스럽게도 우리가 사는 대한민국은 민주주의 공화국입니다. 18세 이상의 시민들에게 1인 1표 투표권이 있습니다. 소수의 부자가 공유부와 모두의 몫을 깨닫지 못하고 기본소득에 반대한다고 하더라도 절대다수 국민이 기본소득을 찬성한다면 투표를 통해서 기본소득 제도를 도입할 수 있습니다.

가난한 사람들은 가난하기 때문에 사회로부터 도움을 받는 것이 아니라 정당한 권리로 기본소득을 누릴 수 있어서 자존감을 회복할 수 있습니다. 그뿐만 아니라 가난을 증명하지 않아도 되고, 일을 통해서 더 많은 소득을 얻어서 가난에서 벗어날 수 있습니다.

중산층 역시 세금으로 내는 것보다 더 많은 기본소득을 받을 수 있으니 기본소득을 반대할 이유가 없습니다. 오히려 날이 갈수록 중산층이 무너져 가는 상황에서 자신이 가난의 나락으로 떨어질 걱정에서 해방될 수 있습니다.

그렇다면 기본소득의 많은 부분을 부담해야 할 부자들은 기본소득을 어떻게 생각할까요? 부자들은 기본소득을 어떻게 바라봐야 하는지 다음 장에서 살펴보겠습니다.

부자들도
기본소득 제도를 원한다고요?

시장경제를 돌리는 밑바탕

금수저는 오늘도 학교 가는 길이 즐겁습니다. 발걸음을 옮길 때마다 짤랑짤랑 동전 부딪치는 소리가 납니다. 공부가 재미있어서 학교 가는 것이 좋으면 얼마나 부모님과 선생님이 기뻐할까요? 그런데 금수저가 학교에 얼른 가고 싶은 것은 쉬는 시간마다 벌어지는 도박판 때문입니다.

─ 금수저와 짤짤이 이야기 ─

일명 '짤짤이'가 금수저네 교실에서 유행하고 있답니

다. 짤짤이는 손에 든 동전 수가 홀수인지, 짝수인지를 맞히는 게임입니다. 철저한 심리 게임입니다. 그런데 금수저는 요즘 계속 게임에서 이깁니다. 반 아이들 돈을 싹쓸이해 옵니다. 결국 돈이 많은 아이가 이길 수밖에 없는 게임이라는 걸 알게 됐기 때문이지요.

오늘도 초반엔 다섯 판 연속 흙수저가 돈을 따고 있습니다. 순식간에 1만 5,500원을 챙겼습니다. 흙수저는 게임을 그만하고 싶었습니다. 그런데 따고 배짱이냐며 게임을 계속하라는 금수저 항의에 못 이겨 그만둘 수 없습니다. 한 사람 돈이 다 떨어져야 끝나는 승부입니다. 그런데 금수저는 집이 부자여서 다섯 판을 지고도 돈이 남아 있습니다.

여섯째 판에 금수저는 1만 6,000원을 한 번에 겁니다. 흙수저의 운은 다섯 판에서 끝나고 여섯 판에서는 그동안 딴 돈 모두를 다시 금수저에게 토해 내야 했습니다. 흙수저는 허탈했습니다. 흙수저도 금수저처럼 돈을 많이 걸어서 운 좋게 다시 돈을 따고 싶었지만 게임에 걸 돈이 없습니다.

금수저는 결국 돈의 힘으로 밀어붙여 언제나 승리를 거둘 수가 있었습니다. 얼마 지나지 않아 반 아이들은 모두

돈을 다 금수저에게 털렸습니다. 금수저는 짤짤이를 더 하고 싶었지만 더는 할 수 없게 되었습니다. 아무도 짤짤 이에 걸 돈이 없었으니까요.

요즘 금수저 아빠도 똑같은 고민이 있습니다. 금수저 아빠는 돈 버는 것이 아주 즐겁습니다. 돈 버는 방법은 간 단했습니다. 나가는 돈은 줄이고, 들어오는 돈을 늘리면 돈이 점점 많아졌습니다.

금수저 아빠는 직원에게 줄 월급을 줄이려고 대부분 일 을 로봇이 하게끔 바꾸었습니다. 자기가 번 돈은 한 푼도 쓰지 않았습니다. 다른 가게에서 물건을 사거나 하는 일 은 없었습니다. 처음에는 나가는 돈은 없고, 들어오는 돈

만 있으니 돈이 점점 많아져서 행복했습니다.

그런데 어느 날부터인가 돈이 더는 들어오지 않았습니다. 무슨 일인가 궁금했습니다. 로봇과 자동화된 기계는 연일 물건을 생산해 내는데 물건이 팔리지 않았습니다. 물건 품질이 떨어진 것도 아니고, 다른 경쟁사가 생긴 것도 아니었습니다. 대체 왜 돈이 들어오지 않는 걸까요?

마을 사람들이 돈이 없었기 때문입니다. 금수저 아빠 회사에서 쫓겨난 사람들은 돈이 없어 물건을 살 수 없었습니다. 게다가 금수저 아빠는 돈을 벌기만 하고 다른 가게에서 물건을 사지 않으니 다른 가게 사장님들도 물건을 살 돈이 없었습니다.

금수저는 어떻게 해야 짤짤이를 계속할 수 있을까요? 금수저 아빠는 어떻게 해야 다시 돈을 벌 수 있을까요?

— 돈, 쓰는 사람이 있어야 버는 사람도 있다 —

요즘 전기자동차와 자율주행차 시장에서 선두를 달리는 테슬라모터스 창업자이자 대표인 일론 머스크는 한 연설[24]에서 "로봇이 인간의 능력을 능가하지 못하는 과제는 점점 더 줄어들 것"이라며, 자동화로 인해 일자리가 대량

줄어들 거라고 예측했습니다.

그는 위 연설에서 "물질, 서비스 생산성이 매우 높아질 거다. 자동화로 인해 모든 게 풍성해질 것이다. 또 모든 게 더 저렴해질 거다. 따라서 기본소득을 실천할 수밖에 없을 것이다."[25]라고 주장했습니다.

이런 생각을 하는 사업가는 일론 머스크 혼자만이 아닙니다. 세계적인 자본가 빌 그로스와 도이치텔레콤의 대표 팀 회트게스 역시 마찬가지 주장을 펼칩니다.

마이크로소프트 창업자이며, 세계 부호 순위 상위권을 놓치지 않는 빌 게이츠 역시 "자동화기술 발달로 일자리를 잃은 사람들을 재교육하는 일뿐 아니라 보호가 필요한 노인과 아이들을 보살피는 일에 로봇세를 거두어 지급하는 기본소득이 도움을 줄 수 있다."[26]라고 말합니다.

이들은 왜 기업이 번 돈을 시민들에게 '기본소득'으로 나눠 주어야 한다고 주장할까요? 기업이 만든 제품을 사람들이 사야 다시 자기 주머니로 그 돈이 들어올 수 있기 때문입니다. 그러니 금수저가 게임을 계속하려면, 금수저 아빠가 회사를 계속 운영하려면, 한 사람이 모든 돈을 다 가져가서는 안 되겠지요.

하지만 일론 머스크도 금수저도 이것만은 알아야 합니

다. 기본소득은 부자들 주머니를 더 채우기 위해서 주는 돈이 아니라 그들이 당연히 모두에게 돌려줘야 하는 모두의 몫이라는 걸 말입니다.

이제 왜 부자들이 기본소득을 주자고 말하는지 알겠지요? 기본소득은 단지 일자리를 잃은 가난한 사람들만을 위한 복지제도가 아닙니다. 적어도 시장경제가 돌아가게 하는 데 필요한 밑바탕이 될 수 있습니다. 황금알을 낳는 거위가 계속 살아 있어야 황금알을 얻을 수 있듯, 시장경제가 작동해야 부자들도 가난한 사람들도 함께 살 수 있습니다.

기본소득제 사회가 된다면 부자들에 대한 존경도 커질 수 있습니다. 부자들이 열심히 노력해서 모두의 몫을 늘린 덕분에 기본소득을 지급하게 됐다는 면도 분명히 있기 때문입니다. 부자들은 자기 부를 늘리기 위해서 열심히 일했겠지만, 그 과정에서 모두의 몫도 커졌고, 그 덕분에 모두가 기본소득을 누릴 수 있게 됐다면, 그런 긍정적인 부분은 사회가 인정해야겠지요.

이처럼 기본소득제는 가난한 사람에게만 좋은 제도가 아닙니다. 부자들에게 기본소득은 자신이 노력해서 얻은 몫만을 정당하게 챙길 수 있어 떳떳해질 기회가 됩니다.

good !
모두의
목
존경
시장경제

또한 자신 덕분에 모두의 몫이 늘어서 사회로부터 존경받을 수 있다는 점에서 부자들에게도 기본소득은 좋은 제도로 받아들여질 수 있습니다.

가난한 사람들한테만 주면 안 되나요?

안심소득 비판

　누군가를 가리켜 야누스 같다고 한다면, 그게 무슨 뜻 인가요? '겉과 속이 다른 이중인격자'를 가리켜 야누스 같 다고들 하지요. 요즘은 나쁜 뜻을 담아 야누스를 말하지 만, 로마 신화 속 야누스는 농사와 법을 주관하는 신입니 다. '시작의 신'으로 한 해를 시작하는 1월 January는 야 누스Janus에서 생긴 낱말입니다.

　또한 야누스는 경계선을 지키는 신이자 '문門의 신'이기 도 합니다. 그러다 보니 안과 밖, 각기 반대 방향을 바라 봐야 해서 얼굴이 두 개입니다. 야누스는 과거와 미래를 동시에 볼 수 있습니다. 기본소득 이야기에서 갑자기 웬 야누스 타령이냐고요? 기본소득 역시 야누스처럼 두 얼굴을 갖고 있거든요.

— 기본소득이 가진 두 가지 얼굴 —

기본소득이 가진 두 가지 얼굴 가운데 한 가지 얼굴은 권리로서 기본소득입니다. 모두의 것에서 얻은 이익은 모두의 몫으로 돌려줘야 하므로 우리 각자는 모두의 몫을 받을 권리가 있습니다. 권리로서 기본소득은 누구나 당연히 받아야 하는 모두의 몫을 말합니다.

토지, 공기, 물, 햇빛, 천연자원처럼 사람이 있기 전 이미 세상에 존재해서 주인을 정할 수 없는 자연 공유부, 그리고 인류가 오랜 세월 함께 만들어 온 문화유산이나 법, 제도, 다양한 콘텐츠처럼 혼자 힘만으로는 이룩할 수 없는 인공 공유부는 모두의 것입니다. 이런 공유부를 이용해서 얻은 소득은 개인이 노력한 몫을 제하고 나머지를 모두의 몫으로 나눠야 합니다. 이것이 바로 권리로서 기본소득입니다.

그런데 앞서 말했듯 기본소득에는 또 한 가지 얼굴이

있습니다. 사실 이 얼굴 때문에 오해를 종종 받습니다. 바로 공공부조[27]로서 기본소득입니다. 사회 구성원 모두에게 기본적인 생활을 할 수 있는 소득을 지급해야 한다는 주장입니다. 이 얼굴만 따로 떼어낸 것이 우리나라에서는 '안심소득'으로 불리는 '음의 소득'[28]입니다.

음의 소득은 특정 수준 이상을 버는 사람들에게는 세금을 거두지만, 특정 수준에 못 미치는 사람들에게는 일정 비율로 보조금을 지급하자는 주장입니다. 예를 들면 4인 가구 기준 소득이 6,000만 원 이상이면 세금을 냅니다. 그런데 만약 A가구가 소득이 전혀 없다면 6,000만 원의 절반인 3,000만 원을 안심소득으로 지원받습니다. B가구가 소득이 2,000만 원이라면 6,000만 원에서 2,000만 원을 뺀 4,000만 원의 절반인 2,000만 원을 지원받아 자신의 소득 2,000만 원 + 안심소득 2,000만 원 = 총 4,000만 원 소득을 올리는 형태입니다.

기본소득이 모두에게 똑같은 돈을 지급하는 것에 비해 안심소득은 가난한 사람들에게만 적어도 생계는 이어갈 수 있게끔 돈을 주자는 주장입니다.

두 가지 얼굴을 모두 가진 기본소득은 부자든, 가난하든 상관없이 모두에게 똑같은 금액이 돌아갑니다. 반면

공공부조
권리
야누스
기본소득

공공부조로서 기본소득이라는 한 가지 얼굴만 가진 안심소득은 가난한 사람에게만 돌아갑니다. 안심소득을 주장하는 이들은 혼자서도 충분히 먹고살 수 있는 부자한테까지 돈을 주지 말고 가난한 사람에게만 돈을 주는 것이 더 낫다고 말합니다. 가난한 이들에게만 주면 되니까 돈도 적게 필요하다고 말하지요.

하지만 안심소득은 기본소득이 원래 야누스처럼 두 얼굴이라는 점을 모르고 하는 소리입니다. 안심소득을 주면 모든 국민이 적어도 생계는 이어갈 수 있게 하자는 목적은 달성될 수 있습니다. 하지만 또 다른 얼굴인 모두의 몫이기 때문에 모두가 똑같이 나눠 가져야 한다는 권리로서 기본소득은 실현되지 못합니다. 그게 왜 중요하냐고요?

― 권리로서 기본소득을 무시하면 안 되는 까닭 ―

안심소득은 가난한 사람을 선별해서 지원해 주던 기존 복지 정책들과 큰 차이가 별로 없습니다. 복지 정책 덕분에 가난한 사람들이 사라졌나요? 오히려 해가 갈수록 부자는 더 부자가 되고, 가난한 사람은 계속 가난한, 부익부 빈익빈 현상이 심해지고 있습니다. 여러분도 금수저니 흙수저니 하는 이야기를 들으면 쓸쓸해지지 않나요? 왜 부익부 빈익빈이 심해지나요? 모두의 것에서 얻은 부가 모두의 몫으로 다시 돌아가지 못했기 때문입니다.

기본소득은 가난하니까 도와주겠다며 주는 선심성 복지 혜택이 아닙니다. 모두의 몫에 대해 사회구성원으로서 당연히 받아야 할 권리입니다. 모두의 것을 이용해 돈을 번 사람이나 기업은 모두의 몫을 돌려줘야 하는 게 당연합니다. 이 당연한 권리를 당연하게 생각해야, 한 사람 또는 한 기업이 지나치게 돈을 많이 가져가거나 부당하게 이득을 취하는 걸 막을 수 있습니다.

그뿐인가요? 나라가 기업으로부터 모두의 것을 이용한 대가를 정당하게 거둬들이면 오늘날 기후위기 같은 환경 문제를 막는 데도 도움이 되겠지요. 더 많은 이익을 얻기 위해 환경을 밍기뜨린 기업에 우리는 당당히 모두의 몫을 내놓으라고 요구할 수 있을 테니까요.

— 안심소득은 세금이 적게 든다고? —

그래도 안심소득은 세금이 적게 들어 효율적이라고 말하는 사람이 있습니다. 기본소득을 한다고 해서 특별히

월 소득 400만 원 초과자만 10% 세금

계층	A	B	C	계
소득	0	400만 원	800만 원	1,200만 원
보조금	40만 원	0	0	40만 원
세금	0	0	40만 원	40만 원
세율			10%	
순수혜	40만 원	0	-40만 원	0

모든 소득에 10% 정률세 + 기본소득

계층	A	B	C	계
소득	0	400만 원	800만 원	1,200만 원
보조금	40만 원	40만 원	40만 원	120만 원
세금	0원	40만 원	80만 원	120만 원
세율	10%	10%	10%	
순수혜	40만 원	0	-40만 원	0

안심소득보다 돈이 더 많이 드는 것도 아닌데 말입니다. 안심소득이 기본소득보다 돈이 적게 든다는 것은 사실 숫자 장난에 불과합니다.

안심소득이든 기본소득이든 돈이 필요합니다. 위 표에서 보면 알 수 있듯 안심소득은 부자인 C에게 세금으로 40만 원을 거둬서 가난한 A에게 보조금으로 40만 원을 지원하는 제도입니다.

반면 기본소득 정책은 소득이 0인 가난한 A, 중산층 B,

부자 C에게 모두 40만 원씩 지급해야 하므로 120만 원이 필요합니다. 안심소득에 필요한 40만 원보다 3배나 돈이 더 많이 든다고 기본소득을 비판합니다. 그런데 진실은 그렇지 않습니다. 기본소득 재원인 120만 원 마련을 위해 중산층 B는 40만 원, 부자 C는 80만 원을 내지만 중산층 B와 부자 C는 다시 기본소득으로 40만 원을 돌려받습니다. 결국 진짜 부담하는 돈은 안심소득과 마찬가지로 기본소득 역시 부자 C만 40만 원을 낼 뿐입니다.

이러면 어차피 다시 돌려줄 것 뭐하러 복잡하게 내게

하는가 하고 의문을 제기할 수 있습니다. 그 까닭은 권리로서 기본소득을 잊지 않기 위해서입니다. 기본소득 재원으로서 걷은 세금은 가난한 사람을 돕기 위해서가 아니라 모두의 몫을 모두에게 돌려주기 위해서 내는 것입니다. 부자가 모두의 것을 많이 이용해서 큰 이익을 얻었으니 더 많이 내는 것이고, 덜 이용한 사람은 적게 내며 모두의 몫은 부자든 가난한 자든 고르게 똑같이 돌려받는 게 기본소득이기 때문입니다. 만약 위 표에서 부자 C가 모두의 것에서 얻은 이익이 훨씬 더 크다면 C가 세금을 더 많이 냄으로써 모두가 받아야 하는 기본소득은 더 커지겠지요.

옛날에는 권리로서 기본소득인 첫째 얼굴이 크지 않았습니다. 생산력이 발달하지 않아서 모두에게 돌려줄 모두의 몫이 그리 크지 않았다는 뜻입니다. 게다가 모두의 몫을 모두가 돌려받을 권리가 있다는 생각도 하지 못했습니다. 하지만 기술 발달로 생산력이 늘면서 이제 첫째 얼굴이 무척이나 커졌습니다. 이제 기본소득이 가진 두 얼굴을 온전히 찾을 때입니다. 모두의 몫을 모두에게 나누어서, 사회구성원 모두가 기본적인 생활을 누릴 수 있도록 기본소득을 실시해야 합니다.

다 같은 기본소득이
아니라고요?

우파형 기본소득 비판

"너희 가운데 한 사람이 나를 배반할 것이다."

예수가 한 말에 열두 제자들은 화들짝 놀랐어요. 서로 자기는 아니라고 부인했어요. 그런데 정말로 열두 제자 가운데 한 사람인 가룟 유다가 예수를 배반했지요. 유다는 예수를 유대교 지도자들에게 팔아넘깁니다. 결국 예수는 골고다 언덕에서 십자가에 못 박혀 죽었다가 사흘 만에 부활하여, 제자들 앞에 나타났다가 다시 세상에 올 것을 약속하고 하늘로 올라갑니다. 2000년 전에 있었던 일로, 성경에 나오는 이야기입니다.

그런데 가롯 유다는 자신이 따르던 예수를 왜 배반했을까요? 성경에서는 유다가 사탄 꾐에 빠졌기 때문이라고 말합니다. 또 한편에서는 가롯 유다와 예수가 동상이몽이었기 때문이라고 말합니다. 동상이몽은 같은 침대에 누웠지만 서로 다른 꿈을 꾼다는 뜻을 가진 한자 성어입니다. 유다와 예수가 다른 꿈을 꾸고 있었다니, 무슨 말일까요?

유다는 당시 로마의 식민지였던 이스라엘을 예수가 해방해 줄 것이라고 믿어 그를 따랐다고 합니다. 예수가 이스라엘 왕이 되면 자신도 한자리 차지할 수 있으리라 꿈꿨다는 것입니다. 그런데 예수는 이스라엘 민족을 해방하려고 이 땅에 온 것이 아니라 하나님 뜻을 온 세상에 전하기 위해 왔습니다. 자신과 다른 꿈을 가진 예수에게 실망한 유다가 결국 예수를 팔아넘겼다는 주장입니다.

― 기본소득 안에서도 동상이몽? ―

기본소득을 주장하는 사람이 많습니다. 그런데 똑같이 기본소득을 이야기하지만 그 속내는 서로 다르기도 합니다. 우파가 생각하는 기본소득과 좌파가 생각하는 기본소득이 서로 다르듯 말이죠. 우파와 좌파가 뭐냐고요?

1789년 일어난 프랑스 혁명은 중상주의 정책 덕분에 부를 모은 부르주아와 절대다수를 차지하던 가난한 농민이 힘을 합쳐 세상을 바꾼 사건입니다. 당시 절대 특권을 누리던 왕과 성직자, 귀족을 몰아내고 자유와 평등 그리고 박애 정신을 바탕으로 시민이 주인이 되는 새로운 나라를 건설하기 위한 노력입니다.

혁명이 성공한 뒤, 주로 부유한 부르주아가 모인 지롱드당은 지방 분권과 경제적 자유주의를 주장했습니다. 반면 소시민층과 민중을 지지 기반으로 삼은 자코뱅당은 강력한 중앙집권제를 주장했습니다. 이때 지롱드당은 오른편에 위치하고, 자코뱅당은 왼편에 위치해서 우파와 좌파로 불리게 되었습니다. 오늘날 우파는 주로 개인 자유와 경제 성장, 그리고 사회 안정을 더 강조하고, 좌파는 평등과 공정한 분배를 더 많이 지향합니다.

기본소득 안에서 우파와 좌파는 모두 기본소득을 말하지만 결은 아주 다릅니다. 우파가 기본소득을 이야기하는 까닭은 작은 정부를 만들 수 있기 때문입니다. 우파는 개인 자유를 중요시하기 때문에 될 수 있으면 정부가 간섭하지 말아야 한다고 주장합니다. 그런데 대상자를 선별해야 하는 대부분 복지제도는 누가 가난한 사람인지를 알아

보는 데 많은 공무원이 필요합니다. 그러니 선별 복지제도를 실시하면 정부 역할이 커지겠죠. 작은 정부를 지향하는 우파는 정부 역할을 키우지 않는 복지로서 기본소득을 지지한 겁니다.

우파는 불평등이 극심해지면 프랑스 혁명처럼 가난한 시민들이 분노해서 세상을 뒤엎을 수 있으니 시민 불만을 잠재우기 위해서라도 기본소득을 지급해야 한다고 생각합니다. 또 돈이 돌아야 시장 질서가 유지되기 때문에 현재 자본주의 시장 경제를 유지하기 위해서라도 기본소득을 지급하자고 말합니다.

또 우파는 기본소득을 주면 '복지 함정'에 빠지는 일도 막을 수 있다고 주장합니다. 복지 수혜자가 복지 혜택을 계속 누리기 위해서 일을 포기하거나 자립 의지를 잃게 되는 현상을 복지 함정이라고 일컫는데요, 예를 들면, 소득이 없는 사람은 국가로부터 100만 원 정도 각종 복지 혜택을 받을 수 있는데, 취업해서 120만 원을 벌게 되면 100만 원어치 복지 혜택을 더는 받지 못하게 되니 차라리 힘들게 일하지 않고 100만 원만 받겠다며 취업을 포기하는 사례를 들 수 있습니다. 하지만 기본소득은 취업해서 120만 원을 버는 것에 더 얹어서 주기 때문에 오히려 일하려는 사람들이 늘어나서 복지 함정을 없앨 수 있습니다.

이처럼 우파는 결국 자본주의 시장 질서를 잘 유지하기 위해서, 비용을 줄이기 위해서, 기본소득을 주장하다 보니 기존 복지 제도를 기본소득으로 대체하려고 합니다.

하지만 기본소득 좌파는 우파와 생각이 꽤 다릅니다. 우선 기본소득을 지급해야 하는 까닭부터 다르죠. 좌파는 기본소득을 그동안 감춰져 있던 '모두의 몫'에 대한 권리 찾기라고 생각합니다. 가난해서 도와준다는 생각이 아니라, 당연히 사회구성원으로서 누려야 할 권리로서 기본소득을 주장합니다.

그러니 기본소득을 1층에 깔고 그 위에 각종 복지를 얹어서 더 튼튼한 복지국가를 만들어야 한다고 생각합니다. 공무원 수를 줄이는 것이 아니라, 복지 대상자를 선별하는 업무에서 벗어난 공무원들이 정말 필요한 복지 서비스를 제공하게 해서 복지 질을 높여야 한다고 주장합니다.

기본소득에 필요한 돈을 어디서 마련하느냐를 두고도 우파와 좌파는 생각이 다릅니다. 우파는 기존 복지를 줄이고 대신 그 돈으로 기본소득을 주자고 주장하지만, 좌파들은 기존 복지 예산은 그대로 두고, 모두의 것을 이용해 얻은 소득 일부를 세금으로 거둬 그 돈으로 기본소득을 주자고 주장합니다. 국토보유세, 탄소세, 데이터세 등을 새로 만드는 것이 모두의 몫을 모두에게 나눈다는 기

튼튼하게
받치고!
종복지

본소득 정신에도 맞고, 기후위기 문제와 부동산 불평등 문제 등 각종 사회 문제 해결에도 도움이 될 수 있다고 주장합니다.

기본소득을 실시하는 것도 중요하지만 더 중요한 것은 어떤 기본소득을 실시하느냐입니다. 기본소득한국네트워크는 '모두의 몫을 모두에게, 각자의 몫은 각자에게'를 구호로 삼습니다. 모두의 몫을 되찾는 기본소득이 아닌, 현재 복지 제도를 대체하려는 정도인 우파의 기본소득은 진정한 기본소득이라고 말할 수 없습니다.

가룟 유다는 한 민족이 해방되길 바랐지만, 예수는 세계 시민 모두와 함께 이 땅에 하나님 나라를 세우려 했습니다. 무엇이 더 중요할까요? 내 몫을 잃지 않으려는 바람도 중요하지만 모두의 몫을 지키겠다는 바람을 먼저 품어야 하지 않을까요?

모두의 몫을 모두에게 권리로 돌려주려는 기본소득이야말로 우리 사회가 더 정의롭고, 평등하며, 시민 한 사람 한 사람이 진정한 자유를 누릴 수 있는 세상을 만들어 줄 것입니다.

17

왜 '충분히'
주지 않나요?

충분성 비판

자기 땅을 갖고 싶어 했던 러시아의 가난한 농부 파홈은 아주 열심히 일해 작은 땅을 갖게 됐습니다. 처음엔 행복했지만 곧 더 넓은 땅을 갖고 싶어 했습니다. 결국 파홈은 고향을 떠나 넓은 땅을 찾아 나섰습니다.

노력 끝에 파홈은 세 배나 넓은 땅을 얻고, 열 배나 풍족한 살림을 꾸리게 됐습니다. 하지만 파홈은 충분히 만족할 수 없었습니다. 그런 파홈에게 1,000루블만 내면 넓은 땅을 차지할 수 있다는 소식이 들렸습니다. 그곳에서는 해가 지기 전까지만 출발점으로 돌아오면 파홈이 걸은 땅이 모두 자기 차지가 된다고 했습니다.

파홈은 더 많은 땅을 차지하기 위해 부지런히 걷고 또 걸었습니다. 이제 그만 돌아가려 했지만 자꾸 좋은 땅이 보여 조금만 더 조금만 더 걷다 보니 어느새 해가 서쪽으로 기울고 있었습니다. 그는 죽을힘을 다해 출발점으로

달렸습니다. 심장이 터질 것 같았지만 땅을 차지하기 위해 고통을 참고 뛰었습니다.

해가 막 지려고 할 때 파홈은 몸을 날려 출발점에 도착해 쓰러졌습니다. 소원대로 그 넓은 땅은 파홈 것이 됐습니다. 하지만 쓰러진 파홈은 일어나지 못했습니다. 심장마비로 목숨을 잃고 만 것입니다. 그에게 돌아간 땅은 그가 묻힐 가로세로 2m 땅이 전부였습니다.

― 얼마나 가져야 충분한가 ―

러시아를 대표하는 작가 톨스토이가 쓴 단편 소설 『사람에게 얼마나 많은 땅이 필요한가』를 간추려 소개했습니다. 톨스토이는 『전쟁과 평화』, 『안나 카레니나』, 『부활』 등 3내 걸작을 남겨 세계 독자들로부터 사랑과 존경을 받습니다. 톨스토이는 귀족 집안에서 태어나 부유하게 살았고 존경받는 작가였지만, 그는 부귀영화를 모두 포기하고 가난한 농부처럼 살려고 했습니다. 또한 평화를 사랑했습니다. 그는 평소 소신대로 묘비도 없는 작은 흙무덤에 묻혔습니다. 소설 속 주인공 파홈과는 다른 선택을 했지요.

알렉산더 대왕과 디오게네스 이야기도 해 볼게요. 알렉

산더 대왕은 서쪽으로는 이집트, 동쪽으로는 인도에 이르는 대제국을 건설했습니다. 알렉산더는 어느 날 디오게네스를 찾아갔습니다. 디오게네스는 벌거벗은 채 누워 있었습니다.

"나는 알렉산더 대왕이다. 그대는 무엇이 필요한가? 나는 그대를 도와줄 수 있고, 또 그대를 돕고 싶다."

그러자 디오게네스는 말했습니다.

"당신이 지금 해를 막아섰는데, 햇빛을 가리지 말고 비켜 주시오."

알렉산더 대왕은 이미 넓은 영토를 차지했지만 또다시 정복 전쟁에 나섰습니다. 하지만 디오게네스는 자기를 '개'라 칭하며 따스한 햇볕을 즐기는 삶에 만족했습니다.

철학자 디오게네스는 사람들이 단순한 자연생활로 돌아가야 한다고 주장했습니다. 그래서 그 자신이 먼저 어려운 처지에서도 행복하고 자립할 수 있다는 것을 보여 주려 했습니다. 디오게네스는 '욕심 없이 살기, 지금 이 순간에 만족하기, 부끄러워하지 않기'가 중요하다고 했습니다. 그래서 '개처럼 살라!'고 했고, 그 주장을 따서 디오게네스는 견유(개와 같다)학파로 불립니다.

우리나라에도 디오게네스만큼이나 소박하게 살아간 시

인이 있습니다. '가난이 직업'이라고 여겼던, 그러면서도 하루에 500원만 있으면 된다고 했던, 막걸리 한 병에 행복해했던 천상병 시인입니다. 「귀천」이라는 시를 통해 그런 자기 삶이 소풍이었고, 아름다웠다고 고백합니다.

이처럼 사람에 따라 '충분하다'고 느끼는 정도가 제각각입니다. 기본소득은 모두의 몫을 바탕으로 모든 사회 구성원 한 사람 한 사람에게 꾸준히 일정 기간마다 아무 조건을 걸지 않고 주는 현금입니다. 여기에 '충분히' 지급하자는 논의가 있었습니다.

그런데 사람마다 '충분하다'고 느끼는 정도가 모두 다른 데다가, 같은 사람조차 어제 충분하다고 느낀 게 오늘 부족하다고 느낄 수 있어 대체 얼마나 있어야 충분한가 하는 물음에 쉽게 답할 수 없었습니다. 설령 모든 사람이 만족할 만한 '충분한' 땅과 상품과 서비스를 정한다고 해도 그걸 다 충족할 만한 자원이 '충분한가'는 알 수 없었습니다.

― 기본소득 원칙에 '충분성'이 없는 까닭 ―

모두가 필요한 만큼 마음대로 갖다 쓰는 세상은 과연

이뤄질 수 있을까요? 그런 세상을 꿈꾸는 것은 가능합니다. 다만 그 꿈이 이뤄지려면 몇 가지 조건이 필요합니다. 과학기술이 발달해 생산력이 늘어나야 합니다. 그리고 지금처럼 풍요를 몇몇이 독점하는 모습이 아닌, 모두의 몫은 모두에게 돌려주는 모습이어야 합니다. 또 한 가지는 사람들이 필요한 만큼 가져가려 할 때 스스로 절제할 줄 알고, 만족할 줄 알아야 합니다.

하지만 여기에는 결정적으로 한 가지 문제가 있습니다. 70억도 넘는 인구가 충분히 쓸 양을 생산하기 위해서는 많은 자원과 에너지가 필요합니다. 그런데 그 양을 과연 지구가 감당해 낼 수 있을까요? 소비된 후 나오는 엄청난 쓰레기 문제는 또 어떻게 처리할까요?

얼마나 가져야 충분한지를 결정할 때는 이렇게 많은 문제를 생각해 봐야 합니다. 그런 까닭으로 기본소득지구네트워크는 '충분성'을 기본소득 원칙으로 채택하고 있지 않습니다.

기본소득한국네트워크는 2023년 월 30만 원으로 시작해 10년 안에 월 91만 원을 기본소득으로 주라고 제안하지요. 월 91만 원은 중위소득의 절반에 해당하는 금액입니다. '중위소득'은 모든 국민을 소득에 따라 줄 세웠을

기본소득
영차영차

때 중간에 있는 사람의 소득을 말합니다. 평균소득과는 조금 다릅니다. '평균소득'은 모든 국민 소득을 더한 후 국민 수에 따라 나눈 몫입니다. 그런데 평균소득은 상위 몇몇 잘사는 사람들이 번 돈 때문에 평균값이 높아져서 진짜 국민 소득 수준을 정확히 표현하기 힘들다는 단점이 있습니다.

평균소득과 달리 중위소득은 전체에서 자기 소득 수준이 어느 정도인지를 쉽게 가늠해 볼 수 있습니다. 특히 중위소득의 절반도 못 버는 사람을 우리는 빈곤층이라고 말합니다. 중위소득의 50%에 해당하는 월 91만 원을 기본소득으로 지급하자는 이야기는 결국 적어도 빈곤층은 없는 사회를 만들겠다는 다짐입니다.

천상병 시인이나 디오게네스는 기본소득만으로 이미 충분하다고 말할 것입니다. 그런 삶을 사는 것도 지구 생태계를 위해서는 좋은 선택입니다. 하지만 많은 사람은 월 91만 원으로는 좋은 아파트에 살 수도 없고, 명품 옷을 입을 수도 없고, 취미 활동도 마음껏 할 수 없으므로 만족스럽지 못할 것입니다. 그런 불만족은 각자 노력으로 해결해야 한다고 기본소득론자들은 말합니다. 모든 것을 기본소득이 책임져야 한다고 생각하지 않습니다.

기본소득을 반대하는 사람들이 '기본소득이 실시되면 누가 열심히 일하겠는가?' 하고 문제를 제기합니다. 기본소득은 최소한의 빈곤에서 벗어나게 할 뿐 충분히 주어지지 않기 때문에 더 여유롭게 살고자 하는 사람들 대부분은 기본소득 외에 추가 소득을 얻기 위해서 일할 것입니다. 그러므로 사람들이 일하지 않을 것이라는 걱정은 하지 않아도 됩니다. 게다가 앞서 말했듯 기본소득을 받은 사람이 일하든 하지 않든 그것은 주는 이가 걱정할 일이 아닙니다.

꼭 많이 가져야 충분한 게 아니라 소박하게, 적당하게, 나와 모두에게 이롭게 가져야 충분한 게 아닌지 생각해보면 좋겠습니다. 디오게네스와 천상병 시인처럼 자발적 가난을 선택하긴 어렵더라도, 적어도 끝없이 더 갖기 위해 목숨까지 내던지는 파홀 같은 어리석은 짓은 그만두어야 합니다.

왜 우리가
먼저 해야 하나요?

기본소득 국내외 사례

혹시 스킵^{skip} 전략을 들어 봤나요? 유튜브로 영상 볼 때 광고 없애는 전략 아니냐고요? 이번 장에서 이야기할 스킵 전략은, 선진국과 세계 무대에서 경쟁하던 중국이 사용해 온 전략입니다.

여러분이 아는 중국은 어떤 나라인가요? 지금은 미국과 세계 패권을 다툴 만큼 힘 있는 나라로 느껴지겠지만, 몇십 년 전까지만 해도 중국은 덩치 큰 가난한 나라였습니다. 중국은 세계의 공장이라고 불릴 만큼 값싼 노동력을 바탕으로 글로벌 기업 물건을 만드는 생산기지 역할을 해 왔습니다.

그랬던 중국은 이제 자체 기술로 자국 상품을 만들어 선진국과 경쟁하려고 합니다. 그런데 선진국들은 17세기에서 18세기 산업혁명 이후로 수백 년 다져 온 기술력이 있어서 중국이 이들을 한순간에 따라잡기란 쉬운 일이 아닙니다. 그래서 중국에서 쓴 전략이 바로 '스킵'입니다.

자동차는 엔진 기술이 가장 핵심입니다. 중국은 자체 기술로는 좋은 엔진을 짧은 시간 안에 만들 수 없다는 것을 깨달았습니다. 그래서 중국은 엔진이 필요 없는 전기 자동차 시장으로 바로 직행했습니다. 전기차 시장은 어차피 다른 나라들도 새로 시작하는 단계였기 때문에 중국은 집중적으로 투자해서 우위를 차지하게 되었습니다. 다른 나라가 우위를 차지한 분야를 건너뛰어 드론 시장처럼 과거 경쟁자가 없는 새로운 시장을 먼저 차지하는 스킵 전략으로 중국은 급성장하고 있습니다.

인도와 아프리카에 가면 유선 전화는 없지만 스마트폰은 널리 보급된 모습을 볼 수 있습니다. 다른 선진국은 유선 전화를 거쳐 스마트폰으로 발전해 갔지만, 개발도상국은 그것을 따라 할 필요가 없습니다. 넓은 영토에 유선 전화망을 깔려면 많은 시간과 돈이 필요합니다. 그보다 더

편리한 데다가 비용도 덜 드는 무선 전화로 바로 넘어가는 전략을 택한 것입니다.

― 스킵! 기본소득으로 바로 넘어가자 ―

기본소득을 반대하는 이들은 아직 세상에 어떤 나라도 기본소득을 해 본 나라가 없어서 안 된다고 말합니다. 그러면서 서구 복지국가 모델을 따라가자고 합니다. 서구 선진국은 오랜 시간에 걸쳐 그들에게 맞는 복지제도를 만들어 왔습니다. 물론 한국 역시 좋은 복지모델을 배우고, 받아들여야 합니다. 하지만 서구 복지국가 모델은 과거 산업사회에 맞게 설계되었습니다. 그들 역시 4차 산업혁명으로 일자리 감소가 우려되는 사회를 맞아 기본소득제를 포함한 새로운 복지제도를 고민하고 있습니다.

그렇다면 우리가 서구 복지국가가 걸어온 길을 그대로 따라가는 것이 맞을까요? 우리도 스킵 전략을 구사해서 바로 기본소득을 중심으로 새로운 복지제도를 짜는 것은 어떨까요?

한국은 일제강점기와 육이오 전쟁을 겪으며 1950년대에는 세계인들로부터 도움을 받던 가난한 나라였습니다. 당시 한국인들은 필리핀만큼만 잘살았으면 좋겠다고 생각했습니다. 하지만 그로부터 70년이 지난 지금 한국은 1인당 국민소득이 3만 달러를 넘어섰고, 국내총생산은 전 세계 200여 개 나라 가운데 12위를 차지할 정도로 성장하여 당당히 선진국으로 평가받습니다. 2021년 무역 규모는 영국을 제치고 세계 8위로 도약했습니다. 하지만 경제 성장에 걸맞은 복지제도를 아직 갖추지 못했다는 평가를 받습니다.

세계는 지금 한창 기본소득을 논의하고, 실험하고 있습니다. 앞서 1장에서 이야기했듯, 현재 공식적으로 기본소득을 실시하는 곳은 미국 알래스카주입니다. 알래스카는 풍부한 석유 자원을 모두의 몫으로 생각했습니다. 그래서 석유 수입의 일부를 바탕으로 '알래스카 영구기금'을 마련했습니다. 그 기금을 운용해서 나온 배당금을 1982년부터 알래스카 주민 모두에게 한 해에 한 번 1,000달러에서 2,000달러, 그러니까 2021년 기준 우리나라 돈으로 약 120만 원에서 240만 원 정도를 꾸준히 지급하고 있습니다.

복지 선진국에서도 기본소득 논의와 실험은 뜨겁습니다. 스위스에서는 헌법에 '연방 정부는 조건 없는 기본소득을 도입한다'는 조항을 신설하자는 국민투표를 2016년 실시했으나 부결되었습니다. 비록 부결되긴 했지만 이 투표 덕분에 기본소득은 큰 관심을 받게 됐습니다.

핀란드 정부는 2017년부터 실업급여를 받는 이들 가운데 2,000명을 뽑아 월 560유로(2021년 기준 약 73만 원)로 기본소득을 2년 동안 지급하는 시범 사업을 벌였습니다다. 이를 통해 기본소득을 받는 이들이 느끼는 정신적 스트레스나 우울감이 일반 실업자보다 적었고, 행복감도 높아지는 등 효과가 있었습니다. 또한 기본소득을 주어도 특별히 실업수당을 받을 때보다 일을 덜 하려고 하지 않는다는 것도 확인할 수 있었습니다.

다만 핀란드 정부는 그동안 복잡한 복지정책을 기본소득으로 단순하게 바꿈으로 행정비용을 줄이고, 노동 의욕이 높아져서 경제가 활성화되는 데 도움이 되길 기대했는데 기대에 미치지 못했다는 평가도 있습니다.

가난한 나라들에서도 기본소득을 실험해 큰 효과를 확인할 수 있었습니다. 인도 마디아프라데시주에서는 2011년 유니세프로부터 지원금을 받아 성인 1인당 200에서 300루피, 우리나라 돈으로 약 3,300원에서 5,000원을, 어린이에게는 1인당 100에서 150루피, 약 1,600원에서 2,500원을 기본소득으로 지급했습니다. 그 결과 어린이 영양실조가 크게 줄고, 학교 출석률이 높아졌으며, 마을 소득 수준이 향상되었습니다.

아프리카 나미비아의 오미타라 지역에서도 민간단체들이 2008년에서 2009년까지 지역주민 930명에게 달마다 100나미비아 달러, 우리나라 돈으로 1만 4,000원에서 1

만 5,000원을 지급했습니다. 그 결과 빈곤과 실업 문제를 해결하는 데 크게 도움이 되었고, 농업생산량과 소득도 증가하여 긍정적인 효과를 확인할 수 있었습니다.

하지만 가난한 나라는 외부로부터 지원을 받아 기본소득이 실시되다 보니 지속하기 어렵다는 한계가 있습니다. 그렇더라도 가난한 나라를 돕는 방식을 현물 지급이나 선별 지급 방식이 아닌 기본소득을 주는 방식으로 했을 때, 자립 기반을 마련한다거나 빈곤과 실업 문제를 해결하는 데 더 효과가 좋다는 아이디어를 얻을 수 있었습니다.

우리 한국은 기본소득 논의 때마다 세계로부터 주목을 받고 있습니다. 그것은 '청년기본소득' 덕분입니다. 2016년 경기도 성남시에 거주하는 24세 청년들에게 1년 100만 원을 청년기본소득으로 지급하기 시작했고, 2019년에는 경기도에 거주하는 24세 청년으로 확대되었습니다.

또한 2019년 전라남도 해남군에서 시작된 농민기본소득은 2020년 전라남도 농어민수당으로 농가당 월 5만 원을 지급합니다. 전북, 충남, 경북 봉화와 청송 등 다른 지자체에서도 농가당 한 해에 50만 원에서 60만 원을 지급합니다. 특히 경기도는 다른 지역과 달리 농가 단위가 아닌 농민 한 사람 한 사람에게 월 5만 원을 지급하고, 또한

어린이 기본소득
청년기본소득
예술인 기본소득
농민기본소득
청소년 기본소득

농민뿐 아니라 농촌에 사는 모든 구성원에게 지급하는 농촌기본소득을 시범 실시하고 있습니다.

이외에도 경상남도 고성군에서는 2021년부터 2년 동안 13~15세는 월 5만 원, 16~18세는 월 7만 원씩 청소년기본소득을 주기로 결정했습니다. 대전시 대덕구는 초등 4~6학년 어린이들에게 월 2만 원을 지급하는 조례를 2021년 통과시켰습니다.

이처럼 대한민국은 지방자치단체가 나서서 어린이, 청소년, 청년, 농민, 농촌, 예술인 기본소득 등 다양한 정책을 이미 시작했거나 준비하고 있습니다. 비록 아직은 전면적인 기본소득 실시가 아닌 부문 또는 부분 기본소득이지만, 해외 기본소득 지지자들은 발 빠른 한국의 움직임을 주목하고 있습니다.

불평등, 기후위기 문제는 단지 한 나라에 국한된 문제가 아닙니다. 세계인들이 함께 풀어야 할 숙제입니다. 그 해결의 실마리가 될 기본소득을 한국에서 본격적으로, 제대로 시행하여 시민 모두가 당당하게 자기 삶을 살아가는 모습을 세계인들에게 보여 줘야 합니다. 살아남기 위해 아귀다툼을 벌이는 세상이 아닌 서로를 돌보며, 우리가 사는 지구를 소중히 지키는 세상이 가능함을 대한민국이

증명해야 합니다. 그래서 세계인들도 대한민국을 따라 기
본소득이 있는 복지국가로 나아갈 수 있도록 우리가 먼저
기본소득의 깃발을 높이 치켜들어야 합니다.

"나에게는 꿈이 있습니다"
세계 시민 기본소득을 향하여

나에게는 꿈이 있습니다.

언젠가 이 나라가 모든 인간은 평등하게 태어났다는 것을 자명한 진실로 받아들이고, 그 진정한 의미를 신조로 살아가게 되는 날이 솟아오리라는 꿈입니다.

나에게는 꿈이 있습니다.

언젠가는 조지아의 붉은 언덕 위에 옛 노예의 후손들과 옛 주인의 후손들이 형제애의 식탁에 함께 둘러앉는 날이 오리라는 꿈입니다.

나에게는 꿈이 있습니다.

언젠가는 불의의 열기에, 억압의 열기에 신음하는 저 미시시피주마저도, 자유와 평등의 오아시스로 변할 것이라는 꿈입니다.

나에게는 꿈이 있습니다.

나의 네 아이들이 피부색이 아니라 인격에 따라 평가받는 그런 나라에 살게 되는 날이 오리라는 꿈입니다. 지금 나에게는 꿈이 있습니다![29]

1963년 8월 28일 워싱턴 링컨 기념관 광장에 울려 퍼진 흑인 인권 운동가 마틴 루서 킹 목사의 연설은 사람들 가슴을 뜨겁게 했습니다. 아프리카계 미국인들에게도 시민권과 경제권을 보장하라며 모인 20만 명도 넘는 이들 마음 속에 꿈을 심어 주었습니다.

마틴 루서 킹이 '나에게는 꿈이 있습니다' 연설을 하기 딱 100년 전 1863년 링컨 대통령은 '노예해방선언'을 하였습니다. 이 선언으로 흑인들이 바로 자유를 찾았다고 말할 수는 없지만, 노예해방선언을 계기로 점차 흑인들은 물건처럼 사고팔리는 노예 상태에서 벗어나게 됐어요. 하지만 여전히 백인과는 다른 인간으로 차별받아 왔습니다.

마틴 루서 킹은 그 차별에 맞서 싸운 것이었습니다. 피부색이나 인종에 따른 차별 없이 평등한 세상을 꿈꿨습니다. 하지만 마틴 루서 킹은 법을 개정해서 인종차별을 없애도 결코 흑인들 삶이 자유로워지지 못한다는 것을 깨달았습니다. 빈곤 문제와 소득 불평등 문제가 함께 해결되어야만 진정한 자유를 누릴 수 있다는 걸 알게 됐지요.

마틴 루서 킹이 벌인 차별 철폐 운동을 시작으로 많은 시민 노력 끝에, 현재 미국 사회는 법으로는 인종차별을 금지했습니다. 겉으로는 2009년 미국 최초로 흑인 버락 오바마가 대통령이 될 만큼 평등한 사회로 발전한 것처럼 보입니다. 하지만 여전히 미국 사회 빈곤층을 차지하는 대다수는 흑인을 비롯한 유색인종입니다.

마틴 루서 킹은 마지막으로 펴낸 책 『우리는 어디로 가고 있는가: 혼돈인가 공동체인가』[30] 에서 오늘날 '기본소득'에 해당하는 '연간 보장 소득guaranteed annual income'을 주장했습니다.

오늘날 가난한 사람들은 열등하고 무능한 자로 낙인찍혀 우리의 양심으로부터 적잖이 버림받고 있습니다. 우리는 또한 경제가 아무리 역동적으로 발전하고 팽창하더라도 모든 빈곤을 제거하지는 못한다는 것을 알고 있습니다.

그 문제는 우리가 두 가지를 강조해야 한다는 것을 나타냅니다. 우리는 완전 고용을 창출하거나 그렇지 않으면 소득을 창출해야 합니다.

빈곤의 해결책은 빈곤을 직접적으로 없애는 것입니다. 즉 '소득보장'으로 없애는 것입니다. 우리나라가 베트남에서 부정하고 사악한 전쟁을 하는 데 연간 350억 달러를 쓸 수 있고, 인간을 달에 보내는 데 200억 달러를 쓸 수 있다면, 하나님의 자녀들을 여기 지구 위에서 자기 두 발로 서게 하는 데 수백억 달러를 왜 못 쓰겠습니까?

자기 삶에 대한 결정권을 스스로 행사할 때, 소득이 안성적이고 분명하다는 것을 확신할 때, 자기 계발을 추구할 수단이 있다는 것을 알 때, 개인의 존엄이 꽃 필 것입니다.[31]

그는 암살당하기 직전까지 '가난한 자들의 행진^{Poor People's Campaign}'을 계획했고, 그 캠페인의 핵심 요구사항은 모든 미국 국민에게 기본소득을 지급하라는 것이었습니다. 여러분에게는 어떤 꿈이 있나요? 기본소득지구네트워크는 1986년 기본소득유럽네트워크를 시작으로 2004년 유럽에서 전 지구로 범위가 확대되었습니다. 2021년 기준 우리나라를 포함한 29개 국가가 가입해 활동하고 있습니다. 지금 당장은 자신들이 사는 지역을 중심으로 가능한 곳부터 기본소득을 실시하기 위해 캠페인을 벌이고 있습니다. 이들은 세계 시민 모두가 기본소득을 바탕으로, 가난에서 벗어나 자유를 누리기를 꿈꿉니다.

세계은행이 정한 절대 빈곤선은 하루 1.9달러(약 2,200원)입니다. 전 세계 77억 인구 가운데 약 11억 5,800만 명은 하루 1.9달러도 안 되는 돈으로 생활하고 있습니다. 사하라 사막 이남 약 4억 1,600만 명, 동남아시아 약 4억 700만 명, 동아시아 2억 9,300만 명, 남미 3,700만 명이 우리나라 돈으로 2,200원이 채 안 되는 돈으로 하루를 살아갑니다.

그런데 만약 전 세계 GDP의 10%만 기본소득으로 줄 수 있다면 77억 시민 한 사람 한 사람에게 한 해에 1,100달러, 다시 말해 하루 3달러(약 3,600원)를 지급할 수 있습니다. 하루 3달러로 적어도 굶주림에 시달리다 죽어 가는 절대 빈곤 문제는 해결할 수 있습니다. 이미 생산력은 77억 인구 모두가 먹고살 만큼 충분합니다. 모두의 몫이 모두에게 제대로 돌아가지 못하고 있다는 것을 깨닫고, 이를 기본소득으로 돌려주겠다는 결심만 한다면 절대 빈곤 문제는 해결할 수 있습니다.

성숙한 세계 시민 의식을 바탕으로 모두의 몫을 10%에서 20%로, 30%로 점차 늘릴 수 있다면 소득 불평등 같은 각종 문제를 해결할 실마리를 찾아갈 수 있을 것입니다. 결국 국가 이기주의에서 벗어나 세계 시민으로 함께 살아가고 있다는 생각의 대전환이 필요합니다.

기후위기 같은 환경 문제나 불평등 문제는 이미 어느 지역이나 국가만 나설 문제가 아니라 전 세계가 함께 풀어야 할 숙제가 되었습니다. '모두의 몫을 모두에게' 나눌 것을 요구하는 기본소득 정신은 인류 모두의 권리를 실현하는 것입니다. 불쌍해서 가난한 나라를 돕자는 것이 아니라 지구를 함께 사용하는 공동체이기 때문에 기본소득을 함께 누려야 한다는 말입니다. 가난한 나라 국민도 세계 시민 기본소득을 누려야 할 당연한 권리가 있습니다.

하지만 '천 리 길도 한 걸음부터'입니다. 모든 일이 한꺼번에 이뤄질 수는 없습니다. 우선 시작 가능한 곳부터 첫발을 내딛는 것이 중요합니다. 그 발자국을 따라서 하나둘 함께 걷기 시작할 테고 그 걸음걸음이 모여 어느새

길이 나고 그 길을 따라 더 많은 이들이 기본소득을 지지한다면 우리는 세계 시민 기본소득이라는 꿈에 도착해 있을 것입니다.

마틴 루서 킹은 '나에게는 꿈이 있습니다' 연설에서 이렇게 말합니다.

> 이러한 믿음이 있으면 우리는 언젠가 자유로워지리라는 사실을 알면서 함께 일하고 함께 기도하며, 함께 투쟁하고 함께 감옥에 갈 것이요, 함께 자유를 옹호할 것입니다.[32]

이 연설에 감명받은 많은 사람이 함께 기도하고 투쟁한 결과, 강력한 흑백 인종차별은 점차 약해지고 있습니다. 마틴 루서 킹이 훗날 깨달은 것처럼 차별을 뿌리까지 없애기 위해서는 기본소득을 주어 빈곤 문제를 극복해야 합니다. 여기서 한 걸음 나아가서 기본소득이 모두의 몫을 모두에게 돌려주는 정당한 권리임을 깨닫는 이들이 더 많아져야 합니다.

21세기 세계는 불평등과 기후위기, 각종 차별에 신음하고 있습니다. 우리 사회를 푸른 하늘 아래 맑은 공기를 마실 수 있는, 한 사람 한 사람이 강요된 노동이 아닌 자신이 하고 싶은 일을 마음껏 할 수 있는 사회로 바꿔야 합니다. 그 첫걸음은 기본소득을 달라고 우리가 함께 목소리를 높이는 일입니다.

주

1 대한교육회가 1906년과 1907년에 펴낸 『초등소학』 권7 제28장 "도끼"에서 처음 소개했다고 전해집니다.

2 영구기금 : 해마다 정해진 양만큼 지출이 필요한 사업을 영원히 계속한다고 가정했을 때 필요한 초기 자금.

3 공공재 : 모든 사람이 공동으로 이용할 수 있는 국방·경찰·소방·공원·도로 등과 같은 재화 또는 서비스를 말한다.

4 "토머스 페인의 『토지 정의』와 해설", 『시대』, 안효상, 2017, 67쪽.

5 "여성참정운동 도화선, 경마장의 순교", 「동아일보」, 1997.07.07.

6 "왜 '송파 세 모녀' 비극은 반복되나? '선별 지급'은 멍청한 짓!", 「뉴스프리존」, 2021.04.16.

7 "이렇게 많은 돈주고 욕 먹은 일 있나…김두관, '재난지원금'에 한마디", 「서울신문」, 2021.09.16.

8 남생이 : 자라와 함께 우리나라를 대표하는 민물거북으로 우리 조상들이 '거북(龜)'이라 부르던 파충류다. 과거에는 비교적 흔했으나, 식용 및 약용하기 위해 남획되고 서식 환경이 나빠지면서 개체 수가 크게 줄어서 현재 환경부 멸종위기 야생생물 II급으로 보호하고 있다. (출처 : 네이버지식백과 "한국의 멸종위기 야생동물", 송재영 외)

9 김희경, 『이상한 정상가족』, 동아시아, 2017.

10 "내가 기부한 헌 옷의 역풍, 아프리카 의류업계는 '풍파'", 「경향신문」, 2011.11.22.

11 이 문제엔 값싼 합성섬유로 쉽게 옷을 만들어 쉽게 사고 버리는 패스트패션 문제도 끼어 있지만 이 책에서는 기본소득을 현금으로 주는 까닭에만 집중해서 이야기하고 넘어갈게요.

12 "아프리카 자립 이끌 마을 지도자, 이 닭들로 키울 겁니다", 「동아일보」, 2015.10.12.

13 "기후 난민 확산, 나라 안 따진다" 기사에서 세계경제포럼(WEF) 2018년 발표 보고서 인용, 「경향신문」, 2021.08.15.

14 "조천호의 빨간 지구 : 지구를 더 열받게 한다면…10년이나 더 참아줄까요", 「경향신문」, 2019.08.01.

15 운전자는 사고에 대비해서 노란 조끼를 가지고 다녀야 하는데, 이 노란 조끼를 입고 시위에 나서서 '노란 조끼 시위'라는 명칭이 붙었지요.

16 마이클 샌델은 『공정하다는 착각』(와이즈베리, 2020)에서 "능력주의적 오만은 승자들이 자기 성공을 지나치게 뻐기는 한편 그 버팀목이 된 우연과 타고난 행운을 잊어버리는 경향을 반영한다."라고 말해 조건이 평등하지 않은 기회를 주는 능력주의 사회를 비판합니다.

17 "MZ세대는 워라벨 보장, 개인중시 등 이전세대와 달라", 「경향신문」, 2020.08.04.

18 기본소득한국네트워크는 기본소득을 한국사회에서 실현하기 위해 2009년에 설립되었고, 2010년 기본소득지구네트워크Basic Income Earth Network; BIEN 17번째 가입국으

로 승인되었습니다.

19 인적공제, 근로소득공제, 근로소득세액공제, 신용카드 소득공제, 자녀세액공제, 교육비세액공제, 보험료세액공제 등 가난한 사람들은 혜택 받지 못하고 부자들이 더 많이 혜택 받는 각종 공제제도를 폐지하자는 주장입니다.

20 아동수당·근로장려금 등은 기본소득과 성격이 비슷하고, 기본소득을 통해 똑같은 효과를 얻을 수 있으므로 기본소득과 통합하자는 주장입니다.

21

재원 방안	금액(원)
토지보유세(1% 세율)	69.3조
시민소득세(10% 세율)	217.5조
세제 개혁안(고소득층 세금 감면 축소)	137.8조
탄소세	81.5조
복지 지출 조정	32조
공유지분	7.7조
주권화폐개혁	33.5조
확보 가능한 재원	579.3조
월 91만 원 기본소득 필요 재원	565.7조

시민소득세는 5%에서 10%로, 토지보유세는 0.5%에서 1%로 세율을 두 배 인상합니다. 탄소세 역시 톤당 3만 8,000원에서 16만 원으로 인상합니다. 세금 제도 개혁과 복지 지출 조정도 더 강력하게 실시합니다. 여기에 월 30만 원 지급 때는 없던 새로운 재원이 추가됩니다. 정부가 민간 기업에 보조금을 지급할 때 그 절반을 지분으로 받아 '공유기금'을 조성하고 운영 수익을 재원으로 확보하는 방안입니다. 예를 들면 A 기업에 1,000억을 보조금으로 지원할 때 그중 500억 원을 그 회사 주식으로 받아 그 주식을 통해서 나온 배당금 등을 기본소득 재원으로 쓰자는 것입니다. 또 한 가지는 정부가 직접 화폐를 발행하는 것으로 제도를 바꿔서 거기서 나오는 화폐 발행 이익을 이용하자는 주장입니다.

22 글로벌 소득분배 공동연구 프로젝트인 '세계불평등 데이터베이스(WID, https://wid.world)'는 『21세기 자본』의 저자 토마 피케티를 포함한 세계 경제학자 100여 명이 5개 대륙 70여 국가의 소득·자산 자료를 모아 작성했습니다.

23 유전무죄 무전유죄 : 돈 많은 부자의 경우 무죄로 풀려나지만, 돈이 없는 가난한 사람은 유죄로 처벌받는다는 뜻입니다. 잘못을 저지른 재벌 총수에 대한 솜방망이 처벌을 근거로 대한민국 사법부와 검찰에 대한 불신을 나타내는 말입니다.

24 2017년 2월 두바이에서 열린 World Government Summit.

25 "일론 머스크, 기본소득은 필수가 될 거다", 「허핑턴포스트코리아」, 2017.02.14.

26 "기본소득이 다가오고 있다 : 청년 365, 기본소득 관련 좌담회 열어", 「월간조선」, 2020.01.31.

27 공공부조 : 국가나 지방 공공 단체가 생활 능력이 없는 사람에게 최저한도의 생활 수준을 보장하기 위하여 보호 또는 원조를 행하는 일.

28 음의 소득세(Negative income tax) 또는 부(負)의 소득세는 특정 수준까지 번 소득에 대해서는 세금이 없고, 그 수준보다 높은 소득에 대해서 세율에 의해 세금이 부과되는 한편, 그 수준보다 낮은 소득을 얻은 사람들은 부족한 부분에 대하여 정해진 비율로 보조금을 지급받는 제도입니다.

29 "I Have a Dream", 한국어판 위키피디아(https://ko.wikipedia.org), 검색일 2021.08.05.

30 Martin Luther King Jr., *Where Do We Go from Here: Chaos or Community?*, New York: Beacon Press, 1968.

31 가이 스탠딩, 『기본소득: 일과 삶의 새로운 패러다임』, 안효상 옮김, 창비, 2018.

32 29번 주와 같음.

기본소득에 대해 좀 더 알고 싶나요? 청소년과 기본소득 입문자들이 읽을 만한 책을 소개합니다.

『재명아! 기본소득이 뭐야?』

이선배 / 여우고개 / 152쪽 / 12,000원 / 2020년 9월

어린이를 위한 기본소득 이야기이다. 천문우주과학자가 꿈인 재명이는 오로라를 보러 알래스카에 가고 싶어 한다. 그래서 알래스카에서 열리는 세계 어린이 기본소득 대회에 나가기 위해 한국 대표 선발전에 참가하면서 기본소득에 대해 하나둘 알아 가게 된다. 동화를 읽다 보면 자연스럽게 기본소득이 무엇인지, 현재 우리 사회에서 왜 기본소득이 필요한지, 농민·청소년·청년기본소득 등 한국 사회에서 시도되는 다양한 기본소득 실험에 대해 알 수 있다.

『기본소득 쫌 아는 10대』

오준호 / 풀빛 / 176쪽 / 13,000원 (ebook 9,100원) / 2019년 11월

저자 오준호는 2022년 대통령선거에 기본소득당 후보로 출마했다. 이번 책은 청소년을 위한 책으로 고대 로마 시대로부터 근대 토머스 페인, 마틴 루서 킹 등 기본소득 아이디어가 어떻게 발전해 왔는지를 알려 주고 있다. 기본소득이 어떻게 우리 사회를 조금 더 평등하고, 활력 있는 사회로 만들 수 있는지를 쉽게 설명했다. 기본소득을 주면 게을러지지 않을지, 원래 복지제도는 없어지는 것인지, 재원 마련은 어떻게 하는지 등 우려에 대해 반박과 해결 방안을 제시하고 있다. 기본소득이 정치 참여를 높이고, 민주주의에 어떻게 기여할 수 있는지 소개했나.

『동네의사와 기본소득』

정상훈 / 루아크 / 224쪽 / 13,500원 (ebook 8,500원) / 2020년 10월

'한국인 최초 에볼라 의사'로 불리는 저자 정상훈은 해외긴급구호활동가로, 프리랜서 동네 의사로 활동하며 만난 사람들의 힘겨운 삶 속에서 기본소득의 필요성을 발견했다. 가벼운 에세이 형식의 글로, 다양한 에피소드를 통해 쉽게 기본소득의 원칙, 재원 마련 방안, 정당성 등을 알려 주고 있다. 세계시민 모두가 기본소득을 받는 방안을 추진하고자 하는 당찬 포부가 보인다.

『집이 아니라 방에 삽니다』

신민주 / 디글 / 184쪽 / 13,000원 (ebook 9,200원) / 2021년 4월

신민주는 1994년생으로, 기본소득으로 아메리카노를 사서 마시며 소설을 쓰는 멋진 비혼 할머니를 꿈꾸며 살고 있다. 21대 국회의원 선거에 '당신의 페미니스트 국회의원'이라는 슬로건으로 은평(을) 지역구에 출마했다. 이 책은 "애매하게 가난한 밀레니얼 세대의 '돈'립생활 이야기"라는 부제처럼 저자가 새벽 두 시까지 아르바이트를 하기도 하고, 안전한 방 한 칸을

구하기 위해 고군분투하던 삶을 유쾌, 발랄 '쩐'내 나게 그린 기본소득 에세이다. 페미니즘과 돌봄, 주거와 노동 그리고 사랑에 대한 청년들의 솔직한 자기 고백이다.

『만화로 보는 기본소득』
우덕환 / 다할미디어 / 152쪽 / 15,000원 / 2021년 11월

이 책은 기본소득의 원리와 5대 원칙, 기본소득이 탄생한 역사적 배경과 경제철학을 쉽고 재미 있게 이해할 수 있도록 만화로 꾸몄다. 실제 입법이 되려면 어떤 과정이 필요한지, 재원 마련은 어떻게 할지, 현실 가능한 지급액은 얼마인지 등 기본소득을 이상이 아닌 현실로 접근했다.

『이재명과 기본소득』
최경준 / 오마이북 / 376쪽 / 17,000원 (ebook 11,900원) / 2021년 2월

저자 최경준은 20여 년 동안 오마이뉴스 기자로 활동했다. 마치 르포 기사, 해설 기사처럼 생활 밀착형으로 기본소득에 대해 최신 내용을 샅샅이 살피는 책이다. 영화 기생충, 송파 세 모녀 자살 사건, 재난 지원금 지급 등 생생한 뉴스를 바탕으로 불평등이 점점 커지는 한국 사회의 모습과 AI와 로봇의 확대 보급으로 일자리 불안에 시달리는 상황을 보여 주고 있다. 그러면서 그 대안으로 기본소득을 경기도 청년기본소득을 포함하여 다양한 세계 사례를 통해 실현 가능한지 살펴보고 있다. 특히 기본소득 전도사를 자임하는 이재명 2022 대통령 후보의 기본소득 철학과 실현 방안에 대해 꼼꼼히 살펴보고 있다.

기본소득에 대해 더 깊이 있게 알고자 한다면 다음 책을 추천합니다.

『기본소득이 있는 복지국가 - 리얼리스트들의 기본소득 로드맵』
기본소득한국네트워크 / 박종철출판사 / 246쪽 / 18,000원 / 2021년 10월

『모두의 몫을 모두에게 - 지금 바로 기본소득』
금민 / 동아시아 / 436쪽 / 16,000원 / 2020년 4월

『21세기 기본소득 - 자유로운 사회, 합리적인 경제를 향한 거대한 전환』
필리프 판 파레이스, 야니크 판데르보흐트 / 흐름출판 / 644쪽 / 28,000원 / 2018년 6월